JN027360

叢書・ウニベルシタス　924

アウシュヴィッツ以後の神

ハンス・ヨーナス
品川哲彦 訳

法政大学出版局

Hans Jonas
Gedanken über Gott. Drei Versuche

Japanese edition published by arrangement through The Sakai Agency

目次

凡例

本書は、Hans Jonas, *Gedanken über Gott*, Suhrkamp Verlag, Frankfurt am Main,1994 の全訳である。ただし、訳出した順序は同書の掲載順序と変えている。詳細はあとがきを参照されたい。

一、原文の » « は、訳文では「　」で表記した。

二、原文の > < は、訳文では〈　〉で表記した（この記号は第一章にのみ、使用されている）。

三、原文でイタリック（斜字体）を用いている箇所は、訳文では傍点をふった。ただし、ヘブライ語のローマ字表記やラテン語や英語であるためにイタリックとなっている箇所については傍点をふっていない。

四、ヨーナス自身がつけた註は、原註として各段落の末尾につけた。訳註はすべての章が終わったあとに別個にまとめて付している。

五、［　］は訳者による補足である。

六、ヘブライ語のローマ字表記については、ヨーナスの採用した表記にしたがっている。そのため、英語文献のなかの表記と異なる場合がある。訳註のなかでは、Louis Jacobs, *The Jewish Religion: A Companion*, Oxford University Press, 1995 の表記もそえた。

七、原文の…は、訳文では……で表記した。原文には、引用文中を除き、省略を示唆するためにこの記号を用いている箇所はない。したがって、本書では「……」は訳文の省略を意味しない。

八、底本には右の版を用いたが、この版には第三章 "Materie, Geist und Schöpfung. Kosmologischer Befund und kosmogonische Vermutungen" の原註のなかに、意味不明の箇所がある。これは、同論文が Hans Jonas, *Philosophische Untersuchungen und metaphysische Vermutungen*, Insel Verlag, 1992, Frankfurt am Main のなかの第十章として収録されたときにつけられた原註をそのまま踏襲したため生じた混乱である。本書では、Insel 版にしたがって意味のとおるように修正した。

アウシュヴィッツ以後の神

生地メンヒェングラートバハ市の
ハンス・ヨーナス公園に立つヨーナス像
（本書 166 頁）

＊本書の写真はすべて訳者撮影

第一章

アウシュヴィッツ以後の神概念

——ユダヤの声——

この賞[1]をいただく名誉とともに記念講演をするという重荷が課せられました。この賞はラビ、[2]レオポルド・ルーカス[3]を記念するために設立されました。ルーカスの伝記を読みますと、ルーカスはテレージエンシュタット[4]で亡くなりましたが、ドロテア夫人――この賞の創設者[5]のご母堂でもあります――はアウシュヴィッツ[6]に転送されました。夫人がその場所で運命をともにした人びとのなかには、私の母もおります。それらのことを思いあわせると、「アウシュヴィッツ以後の神概念」というテーマが、私にむかって有無をいわせず迫ってきたのでした。私はふるえおののきながらこのテーマを選びました。しかし、私はこう思っております。アウシュヴィッツの霊たち[8]が黙せる神にむかってあげた長くこだまする叫びにたいしてなにがしかの答えのようなものを試みる、そのことを断念しないことこそ、その人びとにたいする責務である、と。

私が提示すべきものは、まぎれもなく思弁神学の一端をなすものです。それが哲学者にふさわしいか、その点はおいておきましょう。[9]イマヌエル・カント[10]はそれに類する一切を理論理性の仕事から放逐し、したがって哲学から放逐しました。それどころか、今世紀の一世を風靡した分析論、論理実証主義[11]はこう説明しました。神にまつわることがらを論じていると主張したところで、そこに用いられている言語表現は対象とする意味をまったく欠いており、それゆえ概念上の意味もない、したがって、神について語るなどということはすでにもう――真偽への問いと実証への問いを度外視しているのだから――たんなる無意味である、と説明しました。これを聞いたら、もちろん、昔のカントもあっと驚き、仰天したことでしょう。というのも、カントはまったく逆に、その対象ではないといわれたもののほうを至高の対象とみなしていたからです。すなわち、理性はこの至高の対象についていかなる認識を成就するのを望むこともゆるされておらず、それゆえ、その認識を追い求めれば人間の認識の如何ともしがたい限界によって必ずや失敗を宣告せざるをえないのだけれども、それでもやはり、理性はこの至高の対象から立ち去ることができないと、カントは考えておりました。とはいえ、そこには、きっぱりと断念するという道とともに、なお別の道が開かれています。というのも、知ろうとすれば失敗するとしても、その点に目をつぶる者は――そうです、最初から知るという目標を放棄した者は――、意味や意義をとりあげることで、そうした対象について思いをめぐらせることがゆるされているからです。神に関することがらに意味や意義は存在しないという主張――これは同語反復による循環論法だというふうにたやすく片づけられます。この主張は最初から〈意味〉を、せいぜい感覚所与によって検証されうるものだというふうに定義しており、したがって〈有意味〉と〈知りうる〉とを同視しているからです。定義をふりまわしてのこの荒業に与するひとは、もともとそれに賛成していたひとぐらいのものでしょう。ですから、たとえ、神の存在はけっして証明されないとしても、神の概念を論じることはできます。神概念の厳密さを守りつつ考えぬくとき――こうもいえましょう

――神についてさまざまある概念の全体のつながりを守りつつ考えぬくとき、その論考は哲学となります。

けれどももちろん、今のような語り方では、あまりに一般的、他人事になってしまいます。カントは理論理性において断念したことを実践理性に認めました。だとすれば、私たちもまた、このひとたび起きてしまった途方もない苛烈な経験について、そのことが神とどのように関わるのかと問うなかで語ることをゆるされているでしょう。ただちに問われる問いはこうです。人間がとうの昔からつねに知りえていた恐ろしい、愕然とすることども、人間が他の人間になしうることども、昔からなしてきたことどもにくわえて、アウシュヴィッツはさらに何をつけくわえたのでしょうか。とりわけ、私たちユダヤ人には数千年の苦難の歴史から知られていて、私たちの集合的な記憶の本質的な部分をなしていることどもがありますが、アウシュヴィッツはそれに何をつけくわえたのでしょうか。こうした問いです。ヨブをめぐる問い[12]は昔から神義論[13]の主たる問題でありました――それは、一般的にいえば、この世界に悪が存在するゆえの問いであります。この問いは、とくに、イスラエルとイスラエルの神とのあいだにあるとされる結びつき、イスラエルが神に選ばれてあることの謎によってとぎすまされてきました。私たちが、今、投げかけている問いもまたこの問いをとぎすますものであります。初めは――聖書の預言者たち[14]によって――この結びつきそのものが説明のためにもちだされました。神との結びつきを得た民はその結びつきにたいして忠実ではなかった、というのがその説明です。その後、忠実な時代が長くつづいたにもかかわらず、襲い来る責めはやみません。すると、責めはもはや不忠実によっては説明されなくなり、証人という観念によって考えられるようになりました。この考えは、マカベア家[15]の時代に作り出されたものであり、後世に殉教者の概念となって継承されたものです。それによれば、最も罪のない正しい人びとこそが最もひどい禍悪をこうむるというのです。そこで中世では、信徒たちは剣によって殺されながら、あるいは、焼き殺されながら、「聞け(シュマー)、イスラエル(Sch'ma Jisrael)」[16]、つまり、神はただ一なりという告白を口にして死んでいきました。ヘブライ語でいえば、神の名の聖別(キドゥーシュ・ハ・シェーム)(Kiddusch-ha-schēm)[17]です。殺された人びとは聖人と呼ばれました。かれらが犠牲になることで、約束の光が輝きました。すなわち、来たるべきメシア[18]による最終的な救済の約束の光が輝きました。

アウシュヴィッツという名をもつできごとからは、もはや、こうしたことのどれもがぬけおちています。忠実ということもなければ、忠実でないということもない。信仰もなければ不信仰もない。罪も罰もない。試練もなければ証言もなく、救いの希望もない。強さもなければ弱さもなく、英雄的行為もなければ臆病な行動もない。反抗もなければ服従もない。そんなものはどれもその場をえなかったのです。そのどれもがアウシュヴィッツのあずかり知らぬことです。アウシュヴィッツがあずかり知っていることは無だけであり、その無は未成年の子どもたちすらむさぼり、飲み込みました。アウシュヴィッツがさしだしたものは、ただ無へとむかう機会だけでした。そこで死んだひとたちは信仰の*ために*死んだわけではありませんでした(エホバの証人[19]もそうです)。このひとたちが殺されたのは、その信仰*ゆえ*でもなければ、このひとたちが人格であるゆえにもっていたなんらかの意志の傾向の*た*

め、でもありませんでした。その死に先んじて、このひとたちの品位をそれ以上ないほどに貶しめ、このひとたちをなきものとすることによって、人間としての尊厳が奪われました。最終解決[20]へと決定されたひとたちには、人間としての気高さはいささかも残されていませんでした。解放後の収容所のなかに生き残っていた骸骨のかたちをした幽霊のごとき人びとにも、そうしたものは見出せませんでした。しかも、パラドックスのなかのパラドックスは、この古い民族の神との結びつきを、そこに関わった者たちが――殺す側のほとんどだれもが、いや犠牲になった側すらそのほとんどだれもが――もはや信じていなかったでしょうに、けれども、神との結びつきをもつまさにほかならぬこの民族こそが、人種全体を殲滅するというフィクションのために選ばれた民であるということです。罰のために選ばれるという身の毛もよだつ顚倒――これにはどんな意味づけもできないでしょう。とはいえ、このうえなく倒錯したしかたではあれ、昔の求道者や預言者とのつながりがないわけではありません。かれらの子孫たちはこうして離散[21]した状態から選び出され、集められ、共通の死によって一体となりました。そして、神はそれを起こるにまかせたのです。いかなる神がこれを起こるにまかせることができたのでしょうか。

ここで一言ふれておかなくてはなりませんが、この問いについては、ユダヤ教徒はキリスト教徒よりもいっそうむずかしい立場にあります。というのも、キリスト教徒は真の救済を来世に期待するので、キリスト教徒にとって、この世界はいずれにしてもおよそ悪魔の世界であり、つねに不信の対象だからです。とりわけ人間の世界は原罪ゆえにそうです。しかし、ユダヤ教徒は此岸に神の創造、正義と救いの場をみようとしますから、ユダヤ教徒にとって、神はいみじくも歴史を支配する者です。ですから、この伝承された神の概念をそっくりそのまま信ずる者たちにとって、〈アウシュヴィッツ〉そのものが問題となるのです。実際、アウシュヴィッツは、私がこれから示そうとしておりますとおり、ユダヤの歴史経験にいまだかつてなかったものをつけくわえました。それは古い神学のカテゴリーでは手に負えないものです。けれども、神の概念をたやすく捨て去ろうとはしない者は――哲学者にもその権利はあります[22]――、神の概念を放棄せずともよいように、神についてあらためて熟考し、ヨブをめぐる問いに新たな答えをさがさなくてはなりません。そのとき、それを試みる者は、〈歴史を支配する者〉をたぶん手放さなくてはならなくなるでしょう。すると――いかなる神がそれを起こるにまかせることができたのでしょうか。

ここで、以前、私が試みた考察にさかのぼってみたいと思います。それは不死性というはるかに広いテーマに立ちむかって試みた考察ですが、そのなかにもすでにアウシュヴィッツの霊たちがゆるぎなく立ちつくしています[1]。そのとき私はみずから考えたミュートスを手がかりにしました。ミュートス――プラトン[23]が、知りうるものの彼岸の領域にたいして用いるのをゆるしたあの比喩的な、けれども信頼しうる推測[24]を講じるという手段です。今ここで、そのミュートスをくりかえすことをおゆるしください。

原註（1） Hans Jonas, *Zwischen Nichts und Ewigkeit*, Kleine Vandenhoecker-Reihe 165, Göttingen 1963, S. 55f.（邦訳『生命の哲学』四三三―四三六頁に対応）

まず初めに、あずかり知ることのできない選択にもとづいて、存在の根拠である神的なものは、みずからを偶然と敢為と無限に多様なる生成へとゆだねました。しかも、そっくりまるごとゆだねました。神的なるものは、空間と時間のなかでくりひろげられる冒険に突入したわけです。自分自身のいかなる部分もひきとめはしませんでした。地にまみれずにすんだり、無垢のままで残されたりする部分はいっさいなかったのです。ですから、神的なるものは、創造[25]のなかへとゆだねられたみずからの運命にたいして、彼岸からその道筋を曲げたり、修正したり、その行く手を保証したりすることはできませんでした。この無条件の内在のうえに、近代の精神は立脚しております。[26]私たちが世界内存在[27]であることを真摯にうけとめることは、近代の精神の勇気であるのか、はたまた、絶望であるのか、いずれにしても近代の精神の苦しくも誠実な一面です。そのとき、世界は世界自身にゆだねられたものとしてみえてくるでしょうし、世界の法則はいかなる干渉もゆるさぬものにみえてくるでしょう。私たちの世界にたいする帰属は、世界の外に立つ摂理によってけっして緩和されることがない厳しいものにみえてくるでしょう。まさにそのことが、神の世界内存在という私たちのミュートスを要請します。[28]しかしながら、内在といっても、汎神論[29]という意味での内在ではありません。神と世界とが単純に同一であるなら、世界はいかなる瞬間にもいかなる状態でもその充実を示すでしょう。汎神論では、神は失うことも獲得することもありえません。むしろ、世界が存在するようにするために、神はそれ自身の存在を断念したのです。神はその神的な性格をぬぎすてました。時間というオデュッセイア[30]にその神的なるものをうけとらせるためです。この時間というオデュッセイアは、時間とともに積み重ねられていく予見できない経験によって偶然得られた成果を担っており、それによって美しくも、あるいはまたひょっとすると醜くもみえるものかもしれません。あらかじめ留保をつけないままに生成が進んでいくように、神は神の完全性をみずから放棄したのですから、予知できるものといえば、宇宙という存在がそれ自身の諸条件によって保証する可能性のほかにありえません。まさにこの諸条件に、神は自分の仕事をひきわたしたのです。というのも、神は世界のよろしきように譲渡したからです。[31]

世界は永劫とも呼ぶべき長い期間をいくつもとおして、宇宙の偶然とその群れなす戯れのもたらす可能性の手中にありました。そのあいだ連綿として、物質のなかに忍耐強い記憶がたくわえられていき、予感に満ちた期待が育まれていった――と推測してもよいでしょう。その期待とともに、時間の作り上げる仕事に永遠なるものがしだいに身を添わせるようになります――不透明な内在のなかから超越がおずおずとその姿を現わしてきます。

最初の動きは生命への志向です。それは世界にとって新しいことばでした。生命とともに、永遠の領域への関心が法外に高まり、生命の成長するなかで突如として、自分の身を作る質料を獲得しなおすという飛躍が生じました。[32] 生成する神的なるものが待ちもうけていたのは世界の偶然であり、この世界の偶然によって、生成する神的なるものの創造当初の放縦な濫費はようやく請戻しを得るきざしがみえてきました。[33] 感受し、知覚し、努力し、行為するといったもろもろのことどもが、ものいわぬ物質の渦のうえにいやましに多様に、かつまた、力強く隆起する無限にふくらむうねりとなり、その[34]

なかから、永遠性[35]が力を得たのです。自己肯定によって内容をもって内容に変えてみずからを充実する永遠性です。成長した神はそこで初めて、創造はよきかな[36]、ということができます。

しかし、お気づきのように、生命とともに死も現われました。死ぬことがありうるということは、自力で存在するという新たな可能性を手に入れるために支払わなくてはならなかった代償です。永遠の持続こそが目的なら、生命はそもそもけっして始まることがゆるされなかったでしょう。というのも、ありとあらゆるどんな形相をもってしても、生命は非有機的な物体と持続性の点では競い合うことができないからです。生命は本質的に取り消されうる、壊れうる存在です。生命とは、死すべきものの冒険にほかなりません。生命が成り立つ条件が要求する物質は長く持続するにしても、その条件は代謝する有機体が存続しうるかぎりの短く限られたものであって、その条件下で物質を借り入れることで、生命は有機体個々の自己の有限な一生を手に入れます。有限な個体が感受したり、行為したり、受苦したりするのは短いあいだのことですが、しかし、それらは生が有限であるという抑圧のもとでせつないまでに痛切に感覚されます。そのなかに神的なるものの作り出した景色がいろどりゆたかにくりひろげられ、神的なるものはそこに自分自身を経験します……。

ここもご注意願いたいのですが、知恵の出現するまえの生命は罪を知らぬ状態にあります。ですから、神の仕事が道に迷うことはありえません。進化によって種が分岐するたびに、その種に固有な感受と営為の可能性がつけくわわり、それによって、創造の根拠である神的なものはますますゆたかにみずからを経験していきました。こうした行路を進みつつ、世界はつぎつぎと新たに開かれる次元で答えを出してゆくわけですが、そのそれぞれが神の新たな様態を意味しており、神の隠れた本質を試し、世界がたどる冒険のなかで不意に生じるさまざまなできごとをとおして神の隠れた本質をあらわにしていきます。世界がたどる冒険に執拗につきまとう労苦から得られた収穫は、明るいものも暗いものも一切ひっくるめて、時間のなかで生きられた永遠性を収容する彼岸における宝庫をふくらませていきます[38]。今述べたことは多様性の広がりそれ自身にあてはまりますが、生命の覚醒と情熱とがさらに高揚して、知覚と運動とが双子となって成長することで動物の領域に踏み入るや、それだけいっそうあてはまります。動物では、衝動と不安、快と苦痛、凱歌と欠乏、愛と残虐さですら、はるかにいっそうとぎすまされます——どの経験をとってみても、徹底的に強烈なものとなります。それが神的な主体が得たもののひとつです。これら衝動、不安等々を無限にくりかえし、しかしながらそれらがけっして鈍磨することがないまま生きぬく（というのも、すでに死と新たな誕生は必然なのですから）なかから、澄んだエッセンスがとりだされました。そこから神的なるものは新たに打ち立てられます。こうしたことすべてを、進化はその豊饒たる活動と苛烈な刺激によってもたらしたのです。進化が作り出したものはたんにその衝動にかられて自己を充実させるにすぎませんが、それによって、神の敢為[39]が正しかったことが示されます。被造物たちの苦しみすら、なお、豊饒なるシンフォニーの音の深みを増します。というのも、善悪の此岸において[40]、神がこの展開の幸運に満ちた活動のなかで衰えることはありえないからです。

けれども、神はその展開を無垢なままに守ることについては勝利を得ることはできません。無意識に繰り広げられてきた内在の運動がだんだんとある方向をたどりはじめ、その行き先に見出される答えにたいして、神のなかに新たな期待がわいてきます。

そして、神は恐れおののきます。今や、神自身の力によって担われたこの展開のうねりが一線を越え、無垢な状態が終わりを告げ、成功と蹉跌とを判定するまったく新たな規準が神のなしとげたものをわがものに奪い去ろうとしているからです。人間の到来です。人間の到来は知と自由が到来したということにほかなりません。知と自由というきわめて鋭利な両刃の天分を授かったことで、ただひたすら自己を充実してきた主体の無垢は終わり、善と悪とが分かれ、そのもとで責任という課題が登場します。神の仕事はここで初めて明らかになりますが[41]、これから先は、人間の次元で進められる遂行の機会と危険とに、神の仕事がゆだねられたのです。人間の活動は秤を揺らします。物理的な自然全体の遅々たる歩みから始まり、長らく、人間に先行する生による当初は大きな、しかししだいにその輪を狭めて進んできた――未決定なままに放置された――活動のうちにあった、神の像[42]は、人間の出現というこの最後の転回を経るや劇的にその動きを加速して、人間が自分自身と世界になすことどもをつうじて充実されるか、救われるか、はたまた、堕落させられるか、いずれにしても、人間の手によるうさんくさい管理にひきわたされたのです。恐ろしいことに、人間の行為が神的なるものの運命のうえにおよび、人間の行為が永遠なる存在のおかれている状態全体に影響するというこの点で、人間は不滅なのです。

人間の出現とともに、超越はみずからに目覚めました。それからのち、超越は息をこらして、あるときは希望し、あるときは懇求し、あるときは喜び、あるときは悲しみ、あるときは満足し、あるときは失望しながら人間の行為につきそってきました。——超越は感じる能力をみずから備えているだろうと私は思いますが、だからといって、この世界という舞台でくりひろげられるダイナミクスに干渉することはありません。というのも、バランスを失いがちな人間の行為につられて、超越的なるものがゆれ動いて、人間たちの作り出す光景に自分のありようを照り返して光や陰を投げかけるなどということは、ありえないことではありませんか。

私がかつて他の脈絡から思いをめぐらせた仮説的ミュートスについては、このくらいにしておきましょう。このミュートスは神学上の示唆を含んでおり、私はそれを長い時間をかけて自分自身にむけて明らかにしてまいりました。その明らかになりつつあることのいくらかをここで展開したいと思います。比喩を概念に置き換えることで、奇妙で放恣な私ひとりの想像と思われたにちがいないこれまでの話をユダヤの宗教思想のそれに応答する伝承と結びつけられれば、と存じます。そうすることで、私がむこうみずにも手探りしながら試みた思弁をかなりきちんとしたかたちに整えてみましょう。

私が語ったのは、まず第一に、まぎれもなく、苦しむ神についてです——これは聖書のなかの神の荘厳なるイメージとはただちに矛盾します。もちろん、「苦しむ神」という表現はキリスト教にもありますが、それと私のミュートスとを混同することはできません。キリスト教はこう語ります。ただ一度きり、神的なるものが特定の時に、人間を救うという特定の目的のために、自分自身の一部を特定の苦しみの状況へと遣わした、と（つまり、受肉と磔刑のことです）。私のミュートスはそう語りません。私の語ったことに意味があるとすれば、その意味とは、神と世界との関係は、創造の瞬間から、そして人間が創造されたときからは確実に、神の側における苦しみを孕んだものだったということにほかなりません。もちろん、そこには被造物の苦しみもあります。けれども、被造物の苦しみはわかりきったことであって、それについてはどんな神学も昔から認めてきました。神が創造をつうじて苦しむという考えはそうではありません。私はこういいました。この考えは聖書のなかの神の荘厳なるイメージとは真っ向から相容れない、と。とはいえ、この考えは一見そうみえるほどとっぴなものでしょうか。私たちはヘブライの聖書における神にも出会っているのではありませんか。その神の、なんと人間に黙殺され、すげなくされ、人間の身の上を思い悩んでいることか。それどころか、ヘブライの神はこういうふうにみえないでしょうか。神は人間を創造したことを後悔しており、しばしば、人間によって味わわされた失望に深く心を痛めている——とりわけ、神に選ばれた民族によって味わわされた失望に深く心を痛めている、と。預言者ホセア[43]と、神の不実な女であるイスラエルにたいする神の愛すればこその嘆きを思い出しましょう。

そこで第二の点にまいりましょう。私のミュートスが描き出したのは生成する神です。それは、永遠に自己と同一である完璧な存在を所有するかわりに、時間のなかで明らかになる神です。神の生成という考えは、たしかに、哲学的神学の伝承と矛盾します。この伝承はギリシア、プラトン、アリストテレスから伝わったもので、ユダヤ教とキリスト教の神学の伝統にくみいれられてからこのかた、どういうしかたでか、権威を簒奪してしまい、この権威のもとでは、真正のユダヤ教の尺度からしても（また、キリスト教の尺度からしても）神の生成はけっして正当とはされません。超時間性、非受動性、不可変性が神の必然的な属性として説かれてきたのでした。古典的な思想は存在と生成とは存在論的に対立すると主張しました。それによれば、生成は存在の下位にあり、物体的な下界を表わすものでした。ですから、神的なるものの絶対的存在からは、生成は影も形もないものとされてきました。しかし、このヘラスの考え方はけっして聖書の精神やことばにぴったりと調和するものではありません。実際には、神的なものが生成するという考え方のほうがそれに合致するのです。[44]

いったい、生成する神とはどういうことでしょうか。たとえ、私たちのミュートスが提案するところまでは進んでいかないとしても、少なくとも神のなかに〈生成〉ということだけは認めざるをえません。というのも、神は世界のなかに生起したことによって触発されるという端的な事実からしてそうなのです。触発されるとは変化すること、その状態を変えるということにほかなりません。創造は神の働きにしてその現存する成果を意味しますが、この創造ということにしてからが、それによって神のみが存在しているのではもはやなくなることである以上、畢竟、神の状態を決定的に変えるものです。その点は度外視したとしても、神が被造物と持続的な関係をもつ以上、被造物がいったん存在するようになり、生成の流れのなかを進むようになるや、神は世界とともになにかしらを経験し、したがって、世界のなかで進捗することによって神自身の存在が影響を受けるということを意味しているにほかなりません。神がその関係に関心を寄せるとまではいわぬとしても、その関係を知るというだけでそうならざるをえません。したがって、神が世界となんらかのしかたで関わりをもっているならば——それは宗教の根本的な仮定ですが——、まさにこのことだけにかぎっても、永遠なるものは「時間化」したのであり、さらにその後も世界の過程が現実化していくとともに変容していくのです。

さらに生成する神という考えから帰結することは、この考えが同一事態の反復という考えを打ちくだいているということです。それはキリスト教の形而上学——目下の脈絡ではユダヤ教の形而上学でもありますが——にたいするニーチェ[45]の代替案でした。ニーチェの考えは、実際、時間のなかで過ぎ去るものについての永遠の記憶を保持しうるようないかなる超越からも離れ去って、無際限の時間性と内在へとむかう転回を突き詰めたかたちで象徴しています。つまり、もろもろの諸要素の配置のありとあらゆる組み合わせをくみつくしてしまえば、万物の「原初の」布置がふたたび現われざるをえず、それによってすべてが同じしかたでまた初めから始まるという考えです。一度生じたなら、無限回生じる——ニーチェのいう「もろもろの円環の円環、永遠回帰の円環[46]」です。けれども、時間のなかで生じることに永遠なるものが影響されずにはすまされないと想定するなら、同一事態の反復はけっしてありえません。というのも、神は、世界の過程を経験することをつうじて進みはじめたのですから、同一の神ではないだろうからです。過去の世界の終わったのちに新たな世界が到来するとすれば、そのどれもが、いわば、それが受け継いだ遺産のうちに、過ぎ去ったものについての記憶を含んでいるでしょう。いいかえれば、存在するであろうものは、無関心な死んだ永遠ではなく、時とともに積み重なる実りによって成長していく永遠なのです。

苦しみ、生成する神という概念と緊密に結びついているのが、気づかう神という概念です——遠くに身をおき、みずからのうちに完結している神ではなく、自分が気づかうことに巻きこまれてしまう神です。神的なるものの「太初の」状態がどのようであったにせよ、神が世界を創造し、あるいは、世界が成立するのをゆるしたことで、神は世界が現存するのに関わったのですから、その瞬間に、みずからのうちに完結するのをやめたわけです。神が被造物のことを被造物のために気づかうということは、いうまでもなく、ユダヤの信仰の根本原理のなかで最もよく知られているものです。しかし、私たちのミュートスが強調するのは、あまり知られていない一面のほうです。すなわち、この気づかう神は、気づかう働きと同時にその気づかう目標もかなえてしまうような魔術師ではありません。神は他の者がなにかをするようにしなくてはならず、したがって、神の気づかいはこの行為者たちにゆだねられています。それゆえ、この神は危機にさらされている神、その身にリスクを抱えた神です。明らかにそうでなくてはなりません。なぜなら、そうでなければ、この世界は恒久的に完全な状態でありつづけるはずだからです。世界は恒久的に完全な状態であるわけではない――この事実は二つの事態のうちのただひとつを意味しているほかありません。すなわち、（おそらく複数の神が存在するのだとしても）唯一の神は存在しないか、そうでなければ、唯一の神は神が気づかう対象がどうなるかについて神と異なるもの、つまり神によって創造されたものに活動する余地をゆるし、神とともにそれを規定するように許したか、いずれかでなくてはなりません。こういうわけで、気づかう神は魔術師ではないと申したわけです。神はなんらかのしかたで、つまり測り知れない知の働きによってか、それとも、愛によってか、それとも、そのほかの神の動機たりうるなにかによってか、神自身の力によって確実にみずから満足するように事を運ぶのを断念しました。神はまさに創造をすることですでにもう、すべてのなかのすべてであることをみずから断念しているのですから、そうならざるをえません。[47]

さて以上から、私たちが果敢に進めてきた思弁神学の試みのなかでおそらくは最も決定的な点に到達します。すなわち、この神は全能の神ではありません！ 実際、私たちはこう主張しました——神の力は絶対的で制約されることがないという教えは古代から伝えられてきて（中世でもそうであった）にしても、私たちの神の像のために、そしてまた、私たちと神的なるものとの関係のために、この教えは維持できない、と。まずはこのことを純粋に論理的なレベルで根拠づけるために、絶対的な力という概念のうちにすでに含まれている逆説を明らかにしてみましょう。論理のおもむくところ、神の全能に制限をつけるほうがつむじ曲がりで釈明を要するのにたいして、神の全能のほうは理性にとって納得がゆき、おのずと是認される教えであるというわけではけっしてありません。まったく逆です。すでに力という概念からしても、全能の力とは自己矛盾、自己否定、無意味な概念だとわかります。人間の自由にあてはめて考えてもそうでしょう。自由は必然性が終わるところに始まるどころか、自由は必然性と競合するなかに存し、そのなかで生きてくるのです。必然のおよぶ範囲から離れてしまえば、自由はその対象を失います。抵抗がなければ力が無となるように、必然性がなければ自由は無となります。絶対的な自由なるものがあるとすれば、それは空虚な自由であって、自己否定に陥るでしょう。空虚な力といえば自己否定であるように、絶対的な全能もまたそうでしょう。絶対的で完全な力とは、なにものにも、つまり自分の外部にあって自分とは異なっているような、およそいかなる他の存在にも制約されない力を意味します。というのも、他のものが存在するというそれだけでもう制約が生じ、それゆえ、ある力がその絶対性を保持するには他方の力を無化しなくてはならないからです。だとすれば、絶対的な力のみがあって、その力が働きかけることのできるような対象はないことになるでしょう。しかし、対象を欠いた力は、発揮すべき力をもたない力であり、自己否定に陥ります。ここでは〈全体〉は〈ゼロ〉に等しい。力が働くことができるためには、なにか他のものがなくてはなりません。他のものがあるとすれば、そのとたんに、力はもはや全能ではありません。たとえ、その力が比較を絶していくらでも強められるものだとしてもそうです。異なる対象が独立にねばりづよく存在していることは、このうえない影響力を有する力の活動にたいする制約としてこの力に限界を設けますが、同時に、この異なる存在があってこそその力は影響力となりうるのです。要約すれば、〈力〉とは関係概念であって、複数の極からなる関係を必要とします。だとすれば、相手のなかの抵抗と出会わない力は、およそ力がないのと同然です。力は力をもつ相手と関わることで発揮されます。力が為すところなきものでないとするなら、力の本質は、なにかを克服する能力のうちにあります。そしてそのための条件は、他のものが共存することです。というのも、現に存在しているということは、抵抗を、したがって反作用を意味するからです。物理学において、抵抗、それゆえ反作用をもたない力が空虚にとどまるように、形而上学においても、対抗する力をもたない力は力とは似ても似つかぬものです。したがって、力の影響がおよぶものはそれ自身も力をもっていなくてはなりません。たとえ――創造においてまさにそうであるように――後者の力が前者の力から初めて由来するものだとしても、そしてまた、後者の力の所有者が現存するようになったのも、もともとは、無限の力がみずから断念することによって保証されたのだとしても、そうであります。要するに、完全なる力が力を行使する主体の側でそれだけで存在しているわけではありえません。力は、力が存在するためには、分けもたれていなくてはなりません。

神の全能は絶対で無限であるという考えについては、このように論理的存在論的な異論があります。しかしそれだけではなく、もっと神学的な、真の意味で宗教的な異論があります。神の全能と神の善とを両立させるとすれば、それとひきかえに、神をまったき測りがたいものに、つまりは謎にせざるをえません。世界に邪悪が存在するということ、あるいはたんなる災禍が存在するということでさえも、それを思えば、全能かつ善なる神が理解可能であると考えるのをやめなくてはなりません。神が絶対的に善であり、絶対的に全能であり、しかも神は世界を現にあるとおりに甘受している――これはまったく理解不能な神についてのみいいうることです。一般的にいうなら、今問題にしている三つの属性――絶対的な善、絶対的な力、理解可能性――は、そのうちの二つをどう結びつけてもあとのひとつを排除するようにできています。そこで、問題はこうなります。三つの属性のうち、どれが私たちの神の概念に真に一体化でき、それゆえ譲渡できないか、どの属性が三番目として他の二つのいっそう有力な要請にくらべて弱いものとして消え去らなくてはならないのか。すると、たしかに善、つまり善への意欲は、私たちの神概念とは不可分で、制限することはできません。理解可能性ないし認識可能性については、二重の条件があります。神の本質と人間の限界がその条件であり、後者からすれば、理解可能性ないし認識可能性はもちろん制限されます。けれども、いかなる状況でも、まったく否定されるというわけにはいきません。（不合理な神とはいわないまでも）隠れた神（Deus absconditus）[48]とは、きわめて非ユダヤ的なイメージです。私たちの教え、トーラー[49]は、私たちが神を理解できるというところに成り立ち、それを本質としています。むろん完璧にではありません。しかし、神について――神の意志、神の目的、それどころか神の本質についてなにがしかのことを理解できます。というのも、神はそれを私たちに告げ知らせたからです。啓示がなされました。私たちは、神の命令と神の掟を手にしております。ある人びとは神から直接に伝えられました――預言者たち[50]です。預言者たちはそのことばのわかる、その時代の人びとみなにむけて神の口に代わる役割を果たしました。預言者の語りは整っておらず、その媒介には限界があるとしても、だからといってけっして玄奥な秘鑰（ひやく）というわけではありません。完全に隠れた、理解できない神とは、ユダヤの規範からすれば近づきようもない概念です。

しかしながら、完全な善と全能とを神に帰するとすれば、神はまさに完全に隠れた、理解できないものであらざるをえないでしょう。アウシュヴィッツ以後、私たちは以前にまして断乎としてこう主張できます。すなわち、全能の神的なるものは、完全に善であるわけではないか、それとも、（私たちがそのなかでのみ神的なるものを把握することのできる世界にたいする神の支配からは）まったく理解できないか、いずれかである、と。けれども、神はなんらかのしかたでなんらかの程度は理解可能であるべきなので（この点を私たちは堅持しなくてはなりません）、神が善であるということは災禍が存在することと両立せざるをえません。そうであるのは、神が全能ではないときのみです。さればこそ、私たちはこう主張できるでしょう。神は理解可能で善であり、それにもかかわらず、世界には災いが存在する、と。いずれにしても、私たちは全能の概念を疑わしいと認めたのですから、消し去らなくてはならないのはこの属性です。

これまで全能について論じてきましたが、それというのも、いかなる神学であれ、それがユダヤの遺産と連続する神学であれば、その神学にとっての根本原則は、神の力を限定されたものとみなすべきだということである、ということを明らかにするためにほかなりません。神の力が限定を受けるのは、神自身によって認められた権利において存在するもの、神自身によって認められたそれに固有な権威にもとづいて力を働かせるものによってです。だとすれば、このことはただ神の側からの譲歩としてのみ解釈できましょう。この譲歩を、神は任意のときに取り消すことができます。つまり、神は力を無制限に有しているけれども、ひとえに被造物の固有の権利のために抑制し、削減して用いているのです。とはいえ、こういっただけでは十分でないでしょう。というのも、被造物のなかの神の似像たちのあいだで、ある者どもが罪のない他の者たちを実にまったく一方的にぞっとするような目にあわせているときがあるなら、善なる神が自分の力をぎりぎりまで抑制するというみずからの原則をときには破って、救いの奇跡をもって介入することを期待するのはまことにもってゆるされうることだろうからです。しかしながら、救いの奇跡は起こりませんでした。アウシュヴィッツが猛威をふるった数年間、神は沈黙しました。起きた奇跡は人間から到来したものばかりです。救うために、苦境を減じるために、いやそれどころか、事態が変わらないならイスラエルの運命を共有するためには、どんな犠牲もいとわない、さまざまな民族[51]からなる、たいていは名前も知られていない、あの義しき人びと[52]の行ないによってです。この人びとについて、私はもう一度語るでしょう。しかし、神は沈黙しました。そこで、私はこういいます。神はそれを欲したからではなくて、そうできなかったから、介入しなかったのだ、と。私が時代をともにした経験によって否応なく駆り立てられて提示するのはかかる神の観念です。すなわち、ある時代に――それに続く世界が歩んだ過程の時代もそうですが――世界の事物がくりひろげるこの世のなりゆき[53]に介入する力を、神は断念したのだ、と。この神は、世界のなかに起こるできごとが彼自身の存在に叩きつけられるときに、私たちユダヤ人がエジプトからの脱出[54]を思い出そうとして、毎年、朗読いたしますように、「強い手と伸ばした腕によって」[55]答えるのではなくて、固く口を閉ざし、神のかなえられぬ目的を求めつづけることで応じるのです。

こうして、私の思弁はきわめて古くからあるユダヤの教えからはるかに遠ざかったところに来てしまいました。礼拝のさいに歌われるマイモニデス[56]の一三の教理[57]の多くは〈強い手〉とともに姿を消します。被造物にたいする神の支配力を説く文章も、神は善き者に報い、悪しき者を罰すると説く文章も、期待されるメシアの到来を説く文章も姿を消します。しかしながら、神の呼びかけ、預言者とトーラーがもたらす霊感、したがってまた、選ばれてあるという理念を説く文章はなくなりません。というのも、神の無力はこの世のものにのみ関わるからです。何よりもまず、唯一の神は、したがってまた、〈聞け、イスラエル！〉は存続します。悪を説明するために、マニ教の二元論[58]をわずらわせることはありません。悪が立ち上がり、世界のなかで力を獲得するのは、ただ人間の心からのみ起こることだからです。神が力を断念したのは、ひとえに人間の自由をゆるすためです。私たちは力について一般的に説明するなかですでに、神の全能を否定しました。理論的には、そこから次のいずれをとるか、選択の余地があります。最初から、神学的ないし存在論的な二元論をとるか、それとも、唯一の神が無からの創造をつうじてみずから制限するか、いずれかです。二元論のなかにはさらにまた、あらゆる事物のうちに神の目的に初めから対抗する悪の能動的な力を認めるマニ教の形態の二元論もあるでしょう。二神論です。あるいは、プラトン的な二元論もありましょう。この世界は受動的な媒体であって――あらゆる事物のうちに――理想は不完全にしか実現できないというものです。形相質料存在論です。前者――二神論――がユダヤ教と相容れないことは明らかです。プラトンを選べば、不完全性と自然の必然性の問題にはきれいに答えられますが、積極的な悪の問題には答えられません。積極的な悪とは、まさに自分を創造してくれた創造主にすら、固有の権限をそなえた自由をもつがゆえに反抗する潜在性を秘めている悪のことです。悪を意欲するという事実、しかも、意欲した悪の実現に成功するということは、まさに積極的な悪にほかなりません。盲目の自然因果性がもたらす災禍の話ではありません――アウシュヴィッツの話であって、リスボンの大地震[60]の話ではないのです――現代のユダヤ神学が格闘すべきは積極的な悪のほうです。［二元論ではなく］神の原理のみを唯一の原理とし、しかし、世界が存在し、自律する余地を与えるために神はみずから制限したとすることによってのみ、無からの創造と両立します。創造は、絶対的に至高なる存在の行ないであって、この至高なる存在は創造するにあたって、自己を規定する有限なものが現に存在するようにするために、これ以上は絶対的でありつづけないということを承認したのです——それゆえ、その行ないは神がみずから放棄したからこそなされたのです。

ここで思い出されますのは、ユダヤの伝承は神の至高性について、公式の教えがそうみえるほどには、一枚岩ではないということです。現代では、ゲルショム・ショーレム[61]が新たに光をあてましたカバラ[62]の強力な底流は、神が世界を生成すると同時にひきいれられてたどることになる運命について知っております。そこでは、きわめてオリジナルな、しかも正統からはかなりかけはなれた思弁が展開されておりまして、そのなかに立ち混じれば、私の思弁はまったく孤立しているというわけではないでしょう。たとえば、私のミュートスは、根底的には、ルリア[63]のカバラのなかの宇宙論の中心概念であるツィムツム（Zimzum）[64]の考えにすぎません。ツィムツムとは、収縮、退却、自己制限を意味します。世界が存在する余地を作るために、元初の無限なるもの（En Ssof）[65]は、自分自身のなかに収斂し、自分の外部に、空虚、無を生起せしめ、そのなかに、また、そこから自分が世界を創造できるようにしたのです。このように自分自身のなかにひきあげることがなければ、神のほかには他のなにものも存在できなかったでしょう。そしてまた、神がその後も抑制をつづけたからこそ、有限なものどもがその固有の存在を神の〈すべてのなかのすべて〉[66]のなかにふたたび亡失することは防がれたわけです。

さて、私のミュートスはさらにこれを超えて進んでいきます。つまり、収斂は全面的だというわけです。無限なるものは、その力に関して、全体として有限なるもののなかにみずからを放棄し、そうすることによって有限なるものを自分の保護のもとにおいたのです。それでは、神との関係についてなお残されたことがあるでしょうか。最後に、以前書きましたもののなかから引用して、この点についての答えといたしましょう。(2)

原註（2） Hans Jonas, *Zwischen Nichts und Ewigkeit*, Kleine Vandenhoecker-Reihe 165, Göttingen 1963, S. 60（邦訳『生命の哲学』四四〇―四四一頁に対応）

永遠なる根拠は傷つくことがありえないにもかかわらず、みずからのその性質を断念して、世界に存在するのをゆるしました。この自己抑制のおかげで、すべての被造物は現存するようになったのであり、現存すると同時に、うけとられるべく彼岸から与えられたものをうけとりました。神は生成する世界のなかに自分をそっくりまるごと与えてしまったのですから、神にはもはや与えるべきものはありません。いまや、人間のほうが神に与えなくてはなりません。人間がこのことをなしうるのは、神がこの世界を生成させたのを悔いなくてはならないようなことが起こらぬように、せめてもそう頻繁には起こらぬようにと、人間がその生の途上において、しかも人間自身のためにではなしに、気をつけることによってのみです。おそらく、知られざる〈三六人の義しき人びと〉[67]の秘密とは、こういうことでありましょう。世界に関するユダヤの教えによれば、三六人の義しき人びとがいれば、世界の存続にけっして不足はないはずです。現代では、この数のなかにさきほど言及した〈諸民族からなる義しき人びと〉のなかの幾人かも属していたのかもしれません。[68] 善が悪を凌駕する。私たちはそこにことのなりゆきの因果関係を超えた論理があると信じます。善による悪の凌駕によって、そこに隠されている神聖なるものが、無数の罪に拮抗し、ある世代の支払ったものを償い、見えざる王国の平和を救うことができるのです。

聴衆のみなさん！　これまでずっと私は、つっかえ、つっかえ、口ごもりながらお話ししてまいりました。比較にはなりませんが、偉大なる先見者にして祈禱者である、預言者や詩篇[69]の作者たちも、永遠の秘密のまえでは口ごもりました。ヨブをめぐる問いにたいして、いかなる答えを出すにしても、それはもはや以前のものではありえません。ヨブ記は、創造主の満ち溢れる力をもって答えとしております。私の答えはこれと反対です。神は力を断念したというものであります。しかしながら――奇妙な申しようですが――どちらも神をたたえているのです。というのも、断念がなされたのは、私たちが存在できるようにするためだからです。それはまたヨブへの答えであるように、私には思えます。すなわち、神みずからがヨブのなかで苦しんだのだ、と。これが真実かどうかを知ることができるいかなる答えもありません。ここに費やした私の貧しいことばについては、私はただ、それが、ゲーテが〈古代ペルシア人の信仰の遺産[70]〉のなかで表現したことがらとまったく相反するものではないことを望むばかりです。

そして口ごもりつつ至高の存在を頌えるものは、

輪に輪を重ねかしこに集う。[71]

第二章

過去と真理

——いわゆる神の証明にたいする遅ればせの補遺——

神の証明[1]は総じて失敗に終わり、哲学の歴史のなかで死屍累々の古戦場を形作ってきた。もうその時点で神の証明は（対象の超越的な本性ゆえに、そこには証明も反証もありえないのだから）終わりにしなくてはならない。このことを承知のうえで、なお一柱の死骸をつけくわえようとするのは、かくも信用を失った面々の仲間入りをする愚行だとまではいわないまでも、無用な手すさびのようにみえるかもしれない。しかしながら、無用な手すさびのなかにも、興味深いところがないわけではない。あらかじめ失敗するに決まっているこの古戦場にはあれほど多大な時間が費やされてきたわけだが、そのあとでなお、これまで神の証明にたずさわった人びとの誰もが考えていなかったようにみえることがらがあるかぎりは、したがって、遅ればせながら今からそのリストのなかにのせられるようなことがらがあるかぎりは、興味が絶えることはない。死骸をもう一柱増やすのか。損害のリストを無用に延ばすのか。完全を求める欲求のためなら、そこまで猛進する必要はない。哲学はこのテーマにたいして本気であるべきだ。とはいえ、古戦場に横たわる死骸は、証明であることを要求してみずから「証明」だと名乗っているものにすぎないのではあるけれども、証明たるその見せかけがすっかり否定されたのちにも、それらの死骸には、あるいは、そのなかのあるものには、実際、なお価値が残っているということはありうる。その価値とは、神の存在を考えるにあたって耳をかたむけるに値する理性的な根拠がそこに筋目を立てて述べられているということである。つまり、神の存在を証明してはいないが、神の存在をいわば想定するように推奨するような根拠である。われわれの知識と知りうるものの体系のなかにはぽっかり開いた空所があって、この空所に必要なのは証明不可能な形而上学的想定である。神の証明はこの空所から発して何事かを物語る。証明不可能な形而上学的想定は、神の実在にたいしてイエスでもノーでもありうる——いずれの答えも、カントが「可能的経験の限界[2]」と名づけたものを超えているけれども、たんなる感情ではない。理性の要求を満たすものである。以下の論考もそのようなものとして理解されたい。誤解を避けるためにあらかじめはっきりと明言しておくが、過去のものであれ未来のものであれ、いかなる神の証明も根拠をもたないとするカントの判断を、私は、覆すことのできないものとみなしている。それにもかかわらず、私は、あの禁じられた無力な論証に心ならずも近づく思索をこれまでくりかえし進めてきた。とはいえ、長年、それについては黙して語らなかったのに、かくも遅くに今ごろになって、その沈黙を破ろうとしている。私は自分のなかに神の存在を証明できるという幻想が毛ほどにもないことを自覚している。しかしながら、この思索はあまりに頑強に私のなかに巣食っており、それが聞き届けられる権利をあまりに力強く主張してきたので、私はこの思索を私個人と一緒にこの世から消え去らせようとも思わない。そこで、この思索はひょっとするとたんに知的に珍しい試みであるにすぎないのかもしれないが、伝えて、議論に供しようというわけである。

私がまったく別の問題について思い悩んでいたときのことである。よろよろとたどってきた道の途上に、私にはほかのやり方では解きようもない意味の問題を解決するものとして、ここに述べる神についての考えが立ち現われてきた。この考えは、神の存在を証明する古くから知られた論証よりも論理的によくできているというわけではなく、また、たしかに証明力があるというわけでもないが、なんといっても新たな問いと考慮に値する新たな答えの地平とをともなっている点で別である。先に述べたように、私はまったくその意図をもたないままに、さしあたりはなんの形而上学的ないしは神学的思想も背景としないままに、これから記すようなしかたで、この考えにたどりついたわけである。

私はときどきこう問うてきた。過ぎ去ったこと――状態であれ、できごとであれ――について語ることにそもそもどのような意味がありうるのだろうか、と。かつてはかくかくしかじかであった。そこに判断が結びつく。この命題は真である、と。はっきりとはいわれていないが、ここにすでに、同一のことがらについての真なる命題と別の可能性を示す真ではない命題との区別が含まれている――最も単純な場合には、たがいに矛盾する選択肢、イエスかノーかがあり、このうちのどちらか一方が正しくなくてはならない。たとえば、「カエサルはルビコン川を渡った[3]」、「いや、カエサルはルビコン川を渡らなかった」。二つの言明のうちただひとつが真でありうるし、ひとつが真でなくてはならない。けれども、これはあらぬものについての言明である。というのも、過ぎ去ったものはもはや存在しないからだ。どうして、存在しないもの、無について、正しいとか誤っているとかいう区別めいたものを帰したり、語ったりすることができるのだろうか。過ぎ去ったものが、どうやって、真実そのとおりに述語づけられるべき諸性質や、不適切な述語づけを論駁しうるような諸性質を「もっている」のだろうか。要約すれば、存在しないものについての言明に、正しいとか正しくないとかの区別をつけるということに、そもそもどのような意味があるのだろうか。言明をなすことは私たちの自由である。想像ならば、想像のおもむくままに働かせることができる。だが、そこでは、正しい言明と正しくない言明との区別は何を意味しているのだろうか。天使は生殖器をもっているか。それとも、もっていないか。けれども、天使は実在しないということを私たちが知っているなら、こんな問いを立てることにはなんの意味もない。正しい答えとか誤った答えということがそもそも問題ではありえない。そして今や、ルビコン川を渡ったカエサルもまた実在していない。しかしながら、私たちが歴史の書物を読むときには、こう問わずにはいられない。実際はどうだったのか。記録はどれほど正しいのか。それとも、まったく話は別なのか。ひょっとすると、そんなことはそもそもなかったことであり、伝説なのかもしれない、と。

事実がもはや存在しないからといって、その事実にむけた問いとそこに用いられる真理と非真理、正と偽との区別は絶対に有意味であるという確信を私たちから奪うことはできない。私たちが存在しない何かについて正しいとか正しくないというのはそもそもどういうことだろうかと問えば困難に陥るとしても、その点に変わりはない。かつてあったことは存在しない。それについては、私たちは一致している。それとも、ひょっとして、一致していないのだろうか。ひょっとすると、かつてあったことはどこかに現存しているのかもしれない。だが、その話はあとにしよう。今すでにはっきりしているのは、「現前」が私たちの問いの鍵となる概念だということである。同時的なもの、今実在しているものについての言明の場合には、事態は明らかだ。「私の上着は洋服ダンスの上の棚にかけてある」。正しいか、それとも、誤っているか。私は行って、開けて、のぞいてみる。そこに上着はかかっている。ということで、この言明は正しかった。つまり、私たちの現在のうちに存続している事物、現存が持続している事物については、言明と対象とが同一の空間にともに実在しているわけで、そういう場合には、ある言明が正しいとか正しくないという意味やその区別の適切さは疑われない。しかし、この区別の適切さ、つまり、区別の意味の正当化は、実際、それが決定できるということに、つまり、この個別の事例において真理が与えられて確証することができるということにかかっているのだろうか。ここで力をこめて強調しておかなくてはならないが、検証可能性[4]に関する問いと真理に関する問いとはけっして同じではない。原理的に検証できないことについても、依然として、合っているか、それとも、はずれているかの違いがなくてはならない。カエサルがルビコン川を渡ったという例にもどろう。外的なできごとはなんらかのしかたで検証ないし反証できると仮定するとしても——そのことがどういうことでありうるかについて、あとで立ち入ることになるだろう——、「カエサルはそのとき何を考えていたか」という問いについては、この問いはたしかにきわめて有意味であるが、しかし、それにたいするどんな答えも、その答えがどこから来ようと（カエサル自身からでも、「史料」からでも、私たちの憶測からでも）原理的に検証不可能であることに変わりない。カエサル自身にとってすら、一日後には、あるいは、一年後には検証不可能である。それどころか、ひょっとすると、まさにその時点ですらカエサル自身によってけっして正確には、これが自分の考えていることだと申し立てることはできないのかもしれない。とはいえ、カエサルが何か考えていたことはたしかである。特定のことがらが彼の頭のなかをよぎったわけだ。私があるひとについて、「かくかくしかじかのことが起きたときに、黒猫についての考えが彼の頭のなかをよぎった」というなら、この言明についても、正しいか、それとも、誤っているかの二者択一が、まったく検証不可能であるにせよ、あてはまる。いいかえれば、あることが真であるかどうかという問いと、その真理が確証可能でもあるかどうか、その真理が追試可能であるかどうかという問いとを——現代の多くの真理論がそうしているように——同視したり混同したりしてはならない。両者は別々のことである。もちろん、追試可能性はきわめて有用である。それでは、私たちはどのようにして追試するのか。つまるところ、真理の合致説を最も素朴に用いるわけだが、しかしそれは完全に正当なことである。真理の合致説によれば、認識とは知性と事物の合致（adaequatio intellectus ad rem）である。すなわち、言明が事物と並べられてこれと対応しているとき、言明は真である。どうやって「並べる」のか。そのためには、事物は、事物についての私たちの表象の外に、「現にそこに」[5]なくてはならない。私たちがよりどころにすることのできるそれ自身の固有な恒常性を、事物は有していなくてはならない。いつでも「現にそこに」あり、意のままにできる永遠の無時間的なものについては、まさにそうである。そういうものには合致モデルは最もよくあてはまる。三角形の内角の和の法則——内角の総和は一八〇度に等しい——は、百万年前から、たとえそのときはそれを認識するような精神が現存していなかったとしても、今日とまったく同様に妥当する、と私たちは安心していうことができる。というのも、これは無時間的な対象であって、過去、現在、未来にわたり、何も変わらないからである。すなわち、無時間的な対象に関する言明については、私たちは、その現前を無時間的な次元のうちにもっている。この無時間的な次元に私たちは近づくことができるし、そのなかで合致を試験することもできる。私たちは命題と事物とをつきあわせることができるのである。両者が一致したら、命題は正しい。そうでなければ、命題は偽である。私たちが下すイエスやノーは、事態のアクチュアルな現在[6]を反映している。しかしながら、私たちが地球の歴史について、地質学的な時代について、恐竜が地上を跋扈し、やがて滅んでいった時代について語るときには、それらはまさにみな過ぎ去ってしまっている。とはいえ、完全に過ぎ去っているというわけではない。地層のなかにその痕跡が残っているからだ。地質学、化石の発掘、年代測定法によって、科学は資料の状態を現在において洞察でき、私たちはそれを武器としているので、「当時はこうだった」といってさしつかえない。これは間接的なしかたで真理を発見するやり方のひとつである。聖書に記されているところによれば、世界が創造されてからようやくせいぜい六千年ぐらいしかたっていないが、私たちは今述べたやり方によってつゆ疑いを容れず、聖書の記載は誤りだといわなくてはならない。もっとも、地質学と化石学が登場したダーウィンの世紀に、イギリスのある神学者[8]は、神様は、ひょっとすると後世の人間の信仰をためすために、過ぎ去った時代を示すこれらの痕跡を創造と同時に最初から埋めておかれたのかもしれないと想定することで、聖書の年代学をなおも救うことができる（ないしは救うべきだ）と考えていた！（デカルト[9]の欺く霊[10]による思考実験の奇妙なヴァリエーションではある）。

この笑止千万なお笑いぐさすら、まじめにうけとるべき真理を示唆している。すなわち、過ぎ去ったことを証拠づけるものはなんらかのしかたで現在あるものだという真理である。私たちに過去へとさかのぼらせて間接的に推論させるようにするものは、直接的に存在しているものである。だが、この推論が成り立つには、ひとつの前提が必要である。すなわち、私たちが今ある事態のなりゆきとして知っていることがらはこれまでつねに妥当してきた、つまりは、全空間と全時間をとおして、自然法則は恒常的であり、一様であるという前提である。私たちの信頼はこの前提に依拠している。しかし、過去へさかのぼる推論の体系がどれほど信頼できるかという問いから、真理の問いはなお依然として独立であらざるをえない。たとえば、世界のはじまり、およそ一五〇億年前におきたビッグバン[11]について語るとしよう。それについてはさしあたり、現在、証拠となるのは、ハッブル[12]によって発見されて、ドップラー効果として解釈された赤方偏移[13]である。今ちょうど宇宙空間に打ち上げられたハッブル望遠鏡[14]が、もしかするとそれについてもっと多くの、いっそう厳密なことを知らせてくれるかもしれない。けれども、赤方偏移を時間に換算するには、光の伝播速度には変化がないということ、さまざまな元素から放射される振動数はつねに等しいということが前提となっている。それらの定数を根底におくとき、ある種の外挿[15]が可能となり、一五〇億年という概算に到達する——あらかじめ仮定されているように、ここで論じられているのは膨張であり、したがって、時間を逆にたどれば収縮である。収縮は一種の原点にさかのぼったところで終わりとならなくてはならず、そこに始まりがあったにちがいない。これは、今日、私たちがもっている最良の仮説であり、今のところ、これに反駁する重大な論拠はなく、これを支持する多くの論拠があるようにみえる。

それにもかかわらず、この理論は合っているのか、実際にそのとおりだったのか、と問うことはゆるされる。それどころか、熱意をこめてそう問われるだろう。人間はその究極の答えを、現代が到達しえた権威ある法廷に期待する。自然法則、とりわけ因果の原理がその法廷である。それによって考えて答えが出たとしても、その答えにはまたしてもあの問いが浴びせられるだろう。過ぎ去ったこと、存在していないことについての命題において「正しい／誤っている」という区別に、どのような意味があるのだろうか、と。世界の進行が因果的に絶対に決定されているとしよう。だとすれば、「かくかくしかじかであった」という言明が真理であるということは、「現在ある事物の状態からさかのぼれば、そう演繹せざるをえない」というふうに翻訳されることになるだろう。このとき、前提となっているのは、厳密な決定論ばかりでない。現在の状態にいたるまで連綿と続いてきた前件の連鎖はただひとつであってそれ以外ではありえないということ、つまりその連鎖はただそうであるしかなくてそれ以外では説明がつかないということも前提となっている。してみると、過去は現在のなかに含まれていて、過去は現在から一義的に解読できることになり、したがって、過去はその意味でつねになお現存していて、けっして実際には過ぎ去っていないということになる。ラプラスは事態をそうみた。[17]ラプラスの想像するところでは、無限の知性は、世界中のあらゆるデータをミクロの運動にいたるまで一瞬にしてまのあたりにし、世界をひとつの公式のうちに把握する。この無限の知性はこの公式にもとづいてこれまでのこともこれから先のことも一切、現在させることができる。もし、そうだとすれば、私たちは普遍的な現前を手にすることになるだろう。ある場所、ある時にあったことを今語っている言明は真か偽かいずれかであるという命題が意味をもつためには、こうした普遍的な現前が必要である。というのも、そうであれば、ある場所、ある時にあったことは論理的な含意としてつねに現前していて、したがって、知性と事物の合致が理念的にはいつでも利用できることになり、それによってある場所、ある時にあったことについての言明は確証されるにちがいないからである。あったことは現前している。なぜなら、時間のどこを切断しても、その任意の今は時間全体をとおして完全に規定されていて、他の今と同じ価値をもっているからだ。どの今も他の今にたいして優越しない。まさに今現在こそが今だからといって、この今はけっして際立ってはいない。この今はたんに私たちにとって全系列を構成するための出発点にすぎず、私たちはこの出発点から、これまでをふりかえるにしてもこれから先にむかうにしても、相応のことを知ることができるわけである。たいていは、私たちの知りうることは「真か偽か」を確実に決定するにはあまりに乏しいだろう。けれども、絶対的な精神が真偽を決定できるように、存在というものができているとするなら、過去についての言明に真偽をいうことにどのような意味があるかという問題にとっては十分であって、私たちに真偽を決定できるかできないかは問題ではない。

したがって、もし、私たちがラプラスの考え方を受け容れることができるとすれば、これで問題は解決したことになるだろう。しかし、ラプラスの考え方を受け容れることはできない。なぜなら、そこに含まれている二つの仮定が支持されないからである。すなわち、絶対的な決定論という仮定がそのひとつで、これは今日では物理学でも否定されるものである。第二は、完全に規定された今から過去にむかっても未来にむかっても一義的に推論できるという仮定である。どの状態をとってみても、その状態が成立するまでにはさまざまな道筋がありうる。それは、隠れている化石についての論証がなお誤りに陥ることがあるとおりである。だが、この点についてはおいておこう。ラプラスの虚構の前提である（が、否定されるべき）絶対的な決定論が成り立たないなら、数学者としての神[18]をもってしても、未来に適用される方程式や過去に適用される方程式はありえない。この理由からだけでも、あらゆる時点があたかも論理的に同時に存在しているようなラプラスの虚構を否定しなくてはならない。ということは、無時間的な「現前」なるものも存在しえないということになるわけだから、過去についての言明に真偽をいうことにどのような意味があるかという問題はここに逃げ道を見出すことはできない。

実践面では、当然ながら、私たちは過去よりも未来のほうを心にかけているのだが、これまで論じてきた意味の問題は未来についての言明にたいして提起されたものではない。なるほど、未来もまた存在しないが、それについて私たちは多くの言明をしており、しかも、行為をしたり計画を立てたりするさいにはこの存在しないものを「前提」せざるをえない。未来そのものは謎めいているとしても、とはいえそこでは、真偽の意味は謎ではない。予言は真か偽かのいずれかであるわけではない。その時がきたときに、予言は真か偽かいずれかになるのである——時がくればわかる（qui vivra verra）。

あとになって、私たちはふりかえっていうことができるだろう。「彼は正しかった。彼の予言したとおりになった」とか「彼の予言はまちがっていた。でも、あの時点ではわからなかったのだ。なぜなら、未来のことだったから」と。（完全な決定論は事態を別様に描くだろうが）。これにたいして、過去については、すべてが完了している。過去についてはほかには何も知らないとしても、私たちはただひとつこのことだけは知っている。過去のすべてが取り消しのきかないものであり、永遠に変わらず、固定されているということがそれである。しかしながら、過去は過ぎ去り、無のなかに沈んでいき、無と化した。——無のなかで、いかにして何かが「固定され」うるのか、真とか偽とかだということがありうるのか。これが私たちをさいなむ謎である。

こうして私たちは過去についての言明に関してたいへん奇妙な事態に陥る。（言明されるような）過去についての表象がなければ、私たちはそもそも考えることができない。だが、表象があるとしても、ときに思索を過去へと逍遥させ、ときに歴史を漂流し、過ぎ去った時代の宇宙がどんなふうであったか、はたまた、数千年前に過ぎ去った時代の文化がどんなふうであったかについて関心をむけるというわけにはいかない。そうではないとすれば、結局のところ、私たちはつねに、あったこと、かつてそうだったことについての自分の思い出[19]を利用するほかない。自己自身を連続するものとして理解している意識が一瞬一瞬に遂行することを頼りにしているのである[20]。過ぎ去ったことが（各人それぞれの思い出や、あるいは、コミュニケーションによって共有された思い出といった）思い出のなかに存続していることを承認しないかぎりは、私たちは話もできないし、思考を進めることもできない。

誰かと了解しあうこともできなければ、自分自身とすら了解しあうこともできない。過去は思い出のなかに存続している——この「真理」に私たちは依拠せざるをえない。けれども、真理について語る以上、場合によっては非真理もありうるわけだ。すると、思い出したこととあったこととを単純に同視するわけにはいかなくなる。記憶に誤りがありうることは、誰でも知っている。とはいえ、今ある思い出がまちがっているということができるには、かつてあったがもはや存在しないことが今なお、今ある思い出を偽であると判定する力をもっているとするのでなくてはならない。そういうことがどうして可能だろうか。

この問いは、個人的なことがらを超えたいわゆる歴史的な思い出において焦眉の問いとなる。歴史的な過去についての私たちの知識も、通常、想起の範疇で説明されるが、それが不当というわけではない。ひとは口承の、あるいは、文書による伝承をつうじて伝えられてきた集合的記憶について語る。古い「史料」、古文書、建造物がある。ルビコン川の故事についての私たちの知識は、同時代の著者たち、少し後の時代の著者たち、それどころか著者として自分自身についての報告を記したカエサルそのひとに由来している。カエサルは真実を報告したのか。カエサルに敵対する人びとが残した声では、カエサルはカエサル自身が描いているのとはちがったふうに描かれている。しかしながら、そのいずれにおいても想起が働いている。あるいは、想起と称するものが働いている。[21] 法廷においても、真実を見出すために、目撃者の想起はいくらでも利用されている——しかも、つねにその真否が問題にされながら。証人が思い出したことはどれほど信頼できるか。同じ事件に居合わせたふたりの証人がその事件を厳密に同じようにみていることは、明らかにほとんどない。それにくわえて、まったくのこしらえごともある。それにもかかわらず、多くのひとが主たる点でたがいに独立に、自分の利害を離れて一致しているときには、過ぎ去ったことは明瞭な思い出のなかに現前していて、それに関するどの言明が真で、どの言明が偽かを決定することがゆるされる、といってもさしつかえない。

他方、私たちは歴史を体系的に書きなおす試みについても知っている。その歴史が進行しているさなかにすでに書きなおしが始まる場合もある。スターリンのソ連では[22]、その試みが、いわば、私たちの目の前で全体主義的な権力によって行なわれた。近年の歴史のすべてが改変され、反証が抹消され、記録が一掃される、等々。トロツキー[23]は殺されたのみならず、そのうえ何よりも彼のイメージが殺された。赤軍の創設者から[24]、革命の裏切り者となったのである。当時、こういう疑問が出たものだ（私は今でも、ハンナ・アーレント[25]とそれについていかなる会話をかわしたかを覚えている）。「もし、そんなことがすっかりやりとげられるとしたら、どうなってしまうのだろうか。もし、後世の歴史研究者にとって、それこそが唯一の史料となってしまうとしたら」、と。資源の改竄が完遂してしまえば、それについてもはやあとから問いなおすことはできなくなろう。歴史的な真理の規準にしたがえば、改竄されたものこそが「歴史」となってしまうだろう。こういうことが万一にもあるならば、歴史における「真理」とはそもそもどういうことだろうか。問題にされていることが、過ぎ去ったこと、まさに無であるとすれば、それでもなお、真理概念はここで意味をもつのだろうか。答えがありうるとすれば、こういう答えであるほかない。すなわち、全体主義的な権力は、歴史的真理に通じる戸口を永遠に閉めてしまうことができるかもしれないけれども、だからといって、うそと真理、正しい情報と誤った情報とのあいだの区別を廃棄することはできない、と。矛盾を犯さないようにするためだけでも、そのようにいう必要がある。史料も史料にもとづいて構築された後世の「知識」もまったく口をそろえて誤っているということもありうる。私たちに偶然に残された、あるいは故意によって伝えられたあらゆる史料を研究して、ここからするとこう考えざるをえない――それこそが歴史の真理だ、というとすればまったく正しくない。実際にそのとおりだったのかという問いが依然として残っている。重要なことについても、重要でないことについても、この問いは有意味である。カエサルがルビコン川を渡ったときに何を考えていたかという問いは瑣末な問題かもしれないが、その問いは依然として有意味である。ついでにいえば、この問いは瑣末なことではない。カエサルの伝記にとって、彼の人柄を描くにあたって、けっして瑣末なことではないからだ。私自身、読書体験によってのちのちまで残る衝撃をうけた実例のひとりである。数年前、当時出版された、クリスティアン・マイアーのまばゆいばかりに新鮮なカエサル伝[26]を読んだときのことだ。モムゼンの有名なカエサル像に魅入られて育った者にとって、それは衝撃だった。というのも、マイアーはモムゼンと、なるほどカエサルの行為とそこに示された彼の能力についてはさほどの差異はないが、(まさにルビコン川の瞬間に!)彼の動機と彼の考えていたことについては、かなりちがったカエサル像を描いていたからだった。それはモムゼンが描いたほどには感動するに足らないカエサル像だった。そのことで、この人物についての全般的理解がかなり変わり、それどころか、その人物像を作り上げてきた「歴史」がかなり変わったわけである。これはつまらないことではない。外界に反映した行動、たとえば死屍累々の戦場のように、カエサルの客観的な痕跡をとどめるような、表に現われた行動や公然と論じられる行為だけが重要であるわけではない。そのときカエサルの頭に何が去来したかを知ることはどうでもよいことではない。周知のように、行動主義者[28]がしているように、私たちがそんなことは瑣末なことだとみなすとしても、しかしながら、カエサルの頭に去来したことは表に現われる行動に劣らず、事実であることに変わりはない。思考、感情、主観的なものはそれ自体で客観的な事実である。世界のなかに生起したできごとの一部である。世界のなかに生起したできごとについての表象は、それらについては真理がけっして論定されないからといって[29]、真／偽の二者択一のもとにおかれないわけではない。それについてたがいに矛盾しあう二つの言明があれば、そのうち一方のみが真理でありうる。私たちにたいして永久に閉じられている真理なるものも、その対象は存立していないにもかかわらず、「存立」しているのである。

さて、これまで進めてきた考察全体にしたがえば、私はひとつのテーゼに行き着かざるをえない。なるほどそのテーゼはまったく証明されえないことがら、それどころかせめて明瞭に表象しようとしてもそれすらほとんどできないことがらを本質としているが、とはいえ、私たちの精神生活が時間的な広がりをもっており、そうした私たちの精神生活が有意味であるには、そのための可能性の条件として定立されなくてはならないテーゼなのである。すなわち、存在しないこと、とくにもはや存在していないこと、過ぎ去ったことのなかにも真偽の区別は存在しているということを、私たちが要請するならば、また、過ぎ去ったことが帯びているこの逆説を含んだ正当性が私たちの時間性に不可避につきまとわざるをえないものであるならば、私たちが自分自身の時間性を有意味に行きぬくことができるためには、畢竟、かつてあったことはなんらかのしかたで現前しているということに訴えるほかないというテーゼである。しかも、あったことすべてについてそうであって例外はない。というのも、そうでなければ、真偽が区別される過去と真偽が区別されない過去とを分けなくてはならなくなるだろう――これは不合理である。

ところで、ここには（思想史にとって未知のことではない）逃げ道がある。すなわち、時間はそもそも幻想であり、本来、現実ではないたんなる現象（phainomenon）であって、むしろ現実に存在しているのは、あらゆる事物の同時性なるものであって、時間の広がりといったことはすべて、ただ私たちの主観的な悟性や、（カントの表現を用いれば）私たちの直観形式[30]がもちこんだものにすぎない、とする逃げ道である。そこで、たとえば、ライプニッツ[31]もまた、時間的な継起を私たちの判明ならざる知覚のせいにした。中心をなす神のモナド[32]にとっては、すべてが同時的である。ただ私たちにとってのみ、すべては継起し、展開し、過ぎ去っていくというわけである。

こうした考えに私は反対する。こうした考えは過剰な思弁であって、私たちの根本経験に反して時間の実在を否定するまでの権限を私たちにたいしてもつものではないというふうに形式的な反論をしているのではなく、むしろ、内容に関する反論である。すなわち、それが繰り出す一撃をまともにうければ、不合理な世界観にならざるをえないはめになるがゆえに、私はこうした考えに反対する。この思弁に即せば、私たちのあらゆる努力も労苦も希望も気がかりも後悔も、哀しみまでもがたんなる幻想へとおとしめられてしまう。とりわけ、この考えは自由を否定する。あれかこれかと決断に迷い、じっくり考えるのは、自己欺瞞だということになってしまうだろう。精根こめて熟慮したところで、どれを選ぶかは、それ自体でみてみれば、とうの昔に決定されている現実によって振り付けられた現象の舞踊のなかのあらかじめ定められた一場にすぎず、それについて思い悩むのは要らぬ手間であり、苦労に値しないことになるだろうからである。となれば、いかなる真摯さもつゆと消えてしまうだろう。未来はまだなく、過去はもはやない。これが時間の実相である。この真実を私たちに捨て去らせようと試みることは、いかなる形而上学をもってしてもゆるされない。したがってまた、いかなる形而上学も私たちのもっている根本的な知識を否定することはゆるされない。私たちは根本的に知っている。すなわち、ものごとは時間の流れとともに二度ともどらぬしかたで立ち去ってしまい、けっして回帰しえない。想起して精神において入念に再構築したあげく断乎としてこれが真実だと誓ったところでもはやそれ自身は現存しておらず、あるのはただそこから生じた帰結だけである、と。[33]過ぎ去ったことそれ自身は今やすっかりあらぬということが、私たちのディレンマの角のひとつである。しかしながら、私たちは、過ぎ去ったことについては、たんなる想像上の天使とは異なり、それについての正しい言明でありうることと誤った言明でありうることとの区別があるということを断念することもできない――これがディレンマのもう一方の角である。人間の記憶が誤りやすいとしても、もしかすると完璧な錯誤や偽造がありうるとしても、真偽の違いがあることには変わりない。「コンスタンティヌスの寄進状[34]」と称するものは、偽書と見抜かれるまで、数百年ものあいだ、ローマ教会の領地の要求を正当化しつづけた。見抜かれてからは、ほんとうは、寄進はなかったと知られている。寄進がなかったことが真実なら、この真実は誰もそれを知らなかった全時代をとおして真実だったろう。それとも、その真実はどこかで「知られて」いたのだろうか。

その可能性を考えだすやいなや、この私たち自身が思弁のなかに飛び込むことになる。なるほど、この思弁は経験を超出するのだけれども、しかし経験と矛盾せず、むしろ経験との調和を求めるものである。これまでに見出したように、私たちは過去についての真偽の区別を断念することはできない。その区別がなければ、私たちがほかのひとと会話したり一緒に行為したりするような共通の世界もないことになるだろう。しかし、この区別が意味をもち、もはや存在しない対象が無に帰して瓦解してしまわないようにするのなら、そのためには、もはやない対象は何らかのしかたでなお「現にそこに」存在しているのでなくてはならない。ということは、過去としての過去の現前、つまりは、それがかつてあったことと矛盾せず、しかも時間を幻想にしてしまわないような現前がなくてはならない。したがって、実体的な現前ではない。心的（志向的）な現前である。[35] しかも、過去についての命題の真偽の問いが永遠にできるようになるために永遠の現前である。この現前が私たちの近づきうるものかどうかは、今は問題ではない。目下の脈絡では、この現前が、真偽について（必ずしも決定できないにしても）私たちが語ることは意味があると正当化する源泉であれば、それで十分である。

しかし、「過ぎ去ったことの永遠の現前」はどこにありうるのだろうか。あらゆるできごとがおのずと書き込まれるような永遠の記憶[36]について語りたくなる――一種の自動的に発展していく世界年代記である。けれども、記憶それ自体はけっして遂行的な概念[37]ではない。記憶は精神を有する主体のなかに場を占めなくてはならない。しかも、私たちが要請する公準[38]の超越論的な目的[39]からして、それは完璧で遺漏のない普遍的な記憶であり、したがって、普遍的で完璧な精神である。絶対的な完全性と誤りがないという公準は補足的に加えられたが、これなしには、超越論的記憶を要請しても十分ではないだろう。というのも、過去のどのできごとについても、「そうであった／そうでなかった」が原理的に決定できなくてはならないだろうからである。

これまで述べてきたすべてのことから、絶対的で神的な主体の実在についてのまったく独自な公準が帰結する。すなわち有限で歴史的な実存の可能性の超越論的制約というのがその公準である。認識しつつ時間的に現存している私たち自身の時間的現存が理解可能であるためには、過去の客観的現前が要請される。過去は事物それ自身の継続的な実在のなかには存続しえない。というのも、現在が現存するようにするためには、過ぎ去ったものは、実際、あらぬもののなかへと消え去ってしまわなくてはならないからである。だが、過ぎ去ったものはある主体のなかに知として精神的に存続しつづけ[40]ることがありえ、この知がひきつづき現在していることで、過ぎ去ったものの一般に真理という概念を適用することが正当化されるのである。

あったことについて、私たちが継承してきた表象、みずから獲得した表象、推測して得た表象、推論して得た表象、構築した表象、それら蓋然性にもとづいた理念的には一切の表象が、このひそかな現前に照らして測られる。ここで用いた必要と公準の論理の陰に隠れて、神的精神の実在について「証明された」ということはゆるされない。それは私にもはっきりしている。神が現存していると証明されたわけではけっしてない。しかし、それについてここで提案された考えは、世界について私たちがもっている自然科学的な説明モデルでは空いたままになっている、しかも近年あらためて中心的な位置を占めているように思われる空白を埋めるものである。二〇世紀に入るまで、自然科学が主としてとりくんできたのは宇宙論を含む恒久の存在であって、世界全体の一回的な生成についてはほとんど手をつけないできた。つまりは、世界のなかでいつも回帰し、任意に反復できる進行の形式、したがって、そのなかでは過去と現在とが本質的に等しいものを論じてきたわけである。自然はつねに同一である。それが恒久的法則の意味であり、その不変性の意味だった。ある時点での個別の成果は、いつでも起こり、いつでも検証されうるもののたんなる一例にすぎないとされてきた。これにたいして、今日ではますます、自然が一回的で直線的な、反復も回帰もしないしかたで生成したものであることが主題となってきた。宇宙論は本質的に世界全体の発達史をともなった宇宙生成論になった。それとともに、過去と始まりが――したがって、私の投げかけた隠れた問題が――あらたに脚光を浴びるようになった。もろもろの仮説を鍛錬する人びとはこの問題に無意識であって、それでさしつかえない[41]。たがいに競合する代替的なグランドセオリーは暗黙のうちに、（第一に）世界全体、地球全体、人間の歴史といった事実の経過といったものが存在するということを、（第二に）自分の立てた仮説は他の仮説よりも事実の経過に近いということを出発点としている。しかし、独立に存在している真理があって、たとえ、その真理を私たちは手に入れることができないとしても、その真理が私たちの推測にむかいあい、ひそかにそれを導いてくれるというのでなければ、今述べた二つの仮定にどんな意味がありうるのだろうか。

任意の瞬間にあてはまる世界公式を携えた、ラプラスのいう数学者としての神についてもう一度立ち戻って注釈をつけておきたい。過ぎ去ったことの心的な現前のために、私たちの神学的公準は考え出されたわけだが、この過ぎ去ったことの心的な現前は、ラプラスの場合とちがって、因果的論理的な含意ではなく、まったく一回きりたまたま起こったことを実際に思い出す想起作用[42]による現前だという点である。したがって、それは実際、（ここで問題にしている）特殊で個別のことがらを保持している「想起」であって、普遍的なことと必然的なことをめぐる「思考」ではない。私たちの神学的公準は理性の超越論的実存的な必需[43]から生まれてきたわけだから、それゆえまた、その必需を満たすものは、プラトンのいう永遠の形相[44]からなる「天上界」でもなければ、プロティノス[45]のいうもろもろの永遠の真理からなる「英知的宇宙」でもなければ、ヘーゲル[46]のいう「絶対的精神」でもありえない。それはただ、具体的な事象をそれが起きたとおりに体験し、自分自身の成長していく記憶のなかに統合していく主体でしかありえない。それゆえ、この意味で、それは、たとえ永遠に存在するのであるとしても、生成する精神なのである。

ここに考えられた神的な主体のこの観想的で、認識に関係しつつも、それ以上は確実には知られもしないし、確実に知られることに影響をおよぼすのでもない側面[47]は、過去と真理の問題にのみ関連してもちだすことがゆるされるものである。しかしながら、そのような神的な主体が実在するとすれば、必ずや、その主体が自分自身についてみずから考えないということはありえない。たとえば、神的な主体は自分自身の力および無力にどのように関わるのか、世界のなりゆきと人間とに寄せる自分自身の関心とどのように関わるのか、世界の生成にみずからが関与することをどう思うのか、未来をあらかじめ知っていることをどう処するのか、みずから問わずにはいられない。これらすべてのことは目下の主題ではない[48]。ここではただ、厳密に超越論的なことがらに関わることのみを問題とすべきである。すなわち、過ぎ去ったことの真偽を区別する可能性の制約は、絶対的な精神のうちにあるということである。真偽の区別それ自体はゆずることはできないから、過ぎ去ったことを正当化し、その意味を可能にするこの公準は、軽薄な「理性の妄想」というわけではないし、たやすくまた捨て去ってしまうことができないものである。これまでの思考を私は自分自身で経験して進めてきた。いまや、読者が自分自身でその経験をしていただきたい。

第三章

物質、精神、創造

――宇宙論的所見と宇宙生成論的推測――

序

ここに示す論稿を書き上げる最初のきっかけとなったのは、私のもとに献呈されてきた論文「宇宙というテーマのための試論と第二法則」[1]であった。その論文のなかには——宇宙論の全体的なコンセプトの第一歩として——低次の形象を端緒として高次の形象が創造されるという自然の傾向を説明するために、ある仮定が提示されていた。その仮定とは、世界が成立する瞬間（したがって、いわゆる「ビッグバン」[2]）には、宇宙の全エネルギーのほかに、すでにまた情報が存立していたというものである。その情報のおかげで、「カオス的な爆発」から、まずは物質的な形式をまだもっていないエネルギーが発出し、そのなかから原粒子が分化していき、とうとう陽子[3]が導かれ、さらに水素原子に進み、そこから、複数の要素から構成される周期的なシステムや、無機化合物、水晶のような美しい結晶体といったいっそう高次のシステムが形成されていき、さらにまた、閉じた循環系——すなわち、宇宙のなかの天文学的循環系、この地上における大気圏循環系、生物圏循環系といった高次な形態が形成されていったというのだ。したがって、すでにビッグバンのうちに、ルートヴィッヒ・クラーゲス[4]によって案出された宇宙生成のエロスの概念と相補う関係にあるような、「宇宙生成のロゴス」が含まれている、という仮定である。

その論文全体の企図に立ち入るまでもなく、情報概念とロゴス概念とをこのように用いることにたいして、私はただちに書簡をもって反論しようと考えた。しかしながら、私自身が受容可能と考える対案を素描していくうちに、私は心ならずも、自分自身の宇宙生成論を考える思弁のなかにひきこまれていき、そのなかで、数十年続けてきた自然哲学的存在論的思考を明確な形あるものにすることになったのだった。こうして、当初意図していた書簡のかわりに、今ある論稿ができた。そのために、この論稿は上述の仮説の否定から始まっている。論稿はそこから私自身の仮説へと進んでいく。その仮説は、部分的には、私がすでに以前に歩んだ道である。[5] そのころには、かくも晩年にいたってなおもう一度そこへといざなわれるきっかけがあるとは思っていなかった。他方、そのきっかけとなった「試論」のほうはといえば、その間、この論稿とは独立にそれ自身完成していった。『岐路』[6]の一九八八年刊行分の第一八号に収められたマックス・ヒンメルヘーバー[7]の「自然の三位一体性」を参照されたい。その号にはまた、「精神、自然、創造」の題名のもとに、ここに示す論稿をきわめて短縮した論稿が掲載されている。それは、一九八八年五月にハンブルクで催された、ニーダーザクセン財団による国際会議「精神と自然」[8]の三番目の開会講演として語られたものである。

本論稿は、以前の私の論稿のなかではいっそう詳細に示した思考の進行を多くの点で蒸留したものので、したがって、テクストの密度のために適切な根拠づけを断念せざるをえなかったところにはすべて、読者に註のかたちで以前の論稿の内容を示唆している。この点をご了承いただきたい。

「物質、精神、創造」というタイトルの語順は、この探究の歩みを示していよう。探究はまず、世界の数量的には圧倒的な客観的側面、すなわち、世界の空間と時間のなかに広がっている質料を、自然科学による記述にしたがってとりあげる（一節―二節）。ついで探究はそこから一歩踏み出す。すなわち質料のなかのわずかな一部は生命をもっているが、ただそのうちにのみ示されている主観性の側面（三節―四節）に進む。さらには、主観性のなかに姿を現わすものの依然としてつねに物質と結びついている精神の秘密に進み、その精神を私たちがいかにしてひとり人間のうちにのみ、したがって私たち自身から認識するかということを論じる（五節）。そののち、以上の諸段階の進行を創造した根拠への問い、すなわち神への問いをとりあげる（六節―一六節）。ということは、宇宙論的な所見を外から内へとむけてとりあげていくわけである。つまり、存在の歴史からみると、より早いものからより遅くに生まれたものへ、数量からするとはるかに多量なものからきわめて稀少なものへ、構造からみると、最も単純なものから最も複雑なものへ、推論のしかたからすると、見ることから感じることへ、さらに考えることへと進んでいく。そして一転して、この最も内なるもの、最も稀少なもの、最も後にくるものからさかのぼって、何よりも先にあるもの、物質よりもさらに前にあるものへとむかっていく。すなわち、宇宙論的所見から宇宙生成論的推測へ[10]とむかっていくわけである。推測は、理性にたいして推奨されるものではあるが、しかし理性に強制することはできない。万有の元初についての思弁にあまり多くのことを期待することはゆるされない。

所見をとりあげるさいに、発展という契機は決定的に重要である。一切の根底をなすのは世界を構成するどこでも均質な物質であろうが、したがって、その物質については、こういう問いが投げかけられる。すなわち、どのような進歩の原理にもとづいて、そこから宇宙全体へと通じる発展が、他面また、そこからとりわけ微細な形象にいたるまでの地上の有機的世界へと通じる発展が説明されるのか、と。無秩序から秩序へ（その逆のみが蓋然的である）、低次のものから高次のものへ等々、物理学からすれば起こりそうもない、エントロピーの増大[11]に反するその方向性は、まさしく謎にほかならない。世界を作る質料のなかにそもそもの始まりからプログラミングが内在していて、つまりは、質料と同時に「ビッグバン」のうちにプログラミングが成立していて、それによって高次の秩序に進む生成が操舵されているのだ――そういうイメージでもって、「情報」という概念をここに用いることができるのだろうか。そのような先行的で全体にわたって舵取りをするような情報があるとすれば、まことに、ギリシアの伝統にさかのぼって「宇宙生成のロゴス」と呼ぶこともできるだろうが。

一　宇宙生成のロゴス？　原物質のなかにはいかなる「情報」も想定されえない理由

生き物のゲノムが明確に分節化された諸分子からなり、それによって安定しているように（あるいは、コンピュータのプログラミング――「ソフトウェア」――が磁気によってすっかり判読されるように）、「情報」が情報であるためにはすでに、それの物理的基体として、分化した安定したシステムが必要である。したがって、情報は原因であるばかりか、すでにもうそれまでにできあがったものの組織化、沈殿、表現の結果でもある。すでにできあがったものは組織化されることで永続化するが、高められるわけではない。さて、すると、（仮説によれば）ビッグバン期の「実体」はまったく分化しておらず、まったく動的なのだから――そもそも「カオス」の状態にあるのだから――、分節化とか安定性といったことのいずれもそこには入る余地がない。したがって、生成中の物質のなかにすでにはじめから内在している宇宙論的な「ロゴス」があるとする仮説や、そもそも先行的に確立されたプログラミングや計画性が、それがどんなものであれ、あるとする仮説は、発展を説明するモデルとしては問題にならない。ひとことですませれば、情報とは蓄積されるものであって、ビッグバンではまだ蓄積するだけの時間がない。

生成という観点からだけではなく、論理的にも、情報の概念、すでに存在しているロゴスの概念はうまくいかない。保持されうるような分節化が個別に進んだところで、個別の事例が自分自身を反復し、その水準を保ち、世界のなかにその占める場を広げることぐらいはできようが、自分自身を超えていく歩みは説明できない。自分自身を超えていくためには、一歩踏み出し、新たなものへ通じていく超越する契機が必要である。何がそれでありうるだろうか。

私はこう答えたい。その契機は、既存の成果からさかのぼって洞察されたり、あるいは、要請されたりするような究極的に決定論的なロゴス概念や情報概念がそうみえるよりは、一面、はるかに陳腐で、法則を欠いているものであり、他面、はるかに秘密に満ちたものだ、と。陳腐で法則を欠いているというのはその物理的側面についてであり、秘密に満ちているというのはその心的な側面についていである。

二　ロゴスに替わるもの。自然淘汰による秩序と無秩序

ということは、自然の秩序が生成していく歩みのまず最初には、無計画の無秩序があったことになる。自然全般のなかの一切の秩序の根底は保存法則である。だが、保存法則が支配するにいたったのは、ただみずからを維持するもののみが維持されるからにほかならない。これは同語反復だが、この同語反復が私たちに与えられている自然のもっている法則性を説明する。すなわち、法則性とはそれ自身、淘汰の産物である。この淘汰は普遍的であって、ここからその他のいっそう特殊で部分的な淘汰の規則が生まれてくる。つまり、規則のないところに、つねに（あるいは、かなり長いあいだ）同じふるまいをし、したがって「一貫している」、安定した、相対的に持続性をもつ存在者ができあがってきたのだが、それができあがった時点にはそのことですでに自然法則も存在していたというわけである。これは最も根源的で創造力のある「適者生存」である。秩序は無秩序よりも成功に富む。法則を欠き、規則を欠くもの、保存法則にしたがわないものは、いくらでも存在しえただろうが、しかし流動的なものとして遅かれ早かれ消えていくものであり、それよりは規則的なもののほうが長らえ、ついにはほとんどそうしたもののみが存続するようになる。[12] 短命なものはまさにその短命ゆえに長命なものにとってかわられる（またしても「同語反復」だ）。やがて、長命なものがいきわたり、しっかりしてくると、短命なものの占める場はもはやほとんどない。こうして、持続的な陽子が形成され、

いきわたり、それによって、重力と機械論とが支配するようになる。水素原子から元素の周期表や（水晶の美しい結晶体も含めて）化学が、要するに、物質の王国が成立してくる。同様に、初期の放射から電磁波エネルギーの量子構造が成立する……。ひとことでいえば、粒子、四つの力（など）、保存法則、これらと一体となった厳密な因果性、さらにはその因果性が宇宙全体を主導していったこと、こうしたことは発展の産物であり、淘汰の産物である。（私は「主導する」という。「それだけが支配していた」と私たちにはいう権利がないからだ）。過ぎ去りゆくものから生じた以上、これらも過ぎ去りゆくものである。永遠のものではない。ただ、宇宙的な時間の尺度からしてきわめて長続きするものであるにすぎない。本質的にその持続性は相対的であって、絶対的ではない。これらのものに保護されて、さらにまた、もろもろの銀河、恒星、惑星の持続的な円運動が成立した。これらは比較的長命の秩序で、カオスからしだいに生じてきて、その運動を続けているものだが、これらとても永遠ではない。「循環」とは原理ではなくて、自然の成果であるから、消耗もする。たとえば、昼と夜、夏と冬、大気の大循環のような循環は、潮汐が自転におよぼす制動効果にしたがってついには地球が太陽にたいして（今すでに月が地球からみてそうであるように）たえず一方の側しかむかないようになれば、止まってしまうだろう。[1] しかし、そのあいだには、地上で（また宇宙のなかで）そこまで進むための厖大な時間がある。

原註（1） あらゆる動的な均衡は一時的なものである。たとえば、地球の軌道の半径と公転時間は、慣性モーメントと太陽の引力とのあいだで今のところ支障なく動的な均衡を続けているが、あいつぐ流星の落下

によって地球の質量が増加するとか、惑星間物質の抵抗、太陽の質量が流星の落下によって増加する一方で放射を通じて減少していくとか、さらには、重力の弱まりによって宇宙空間がさらに展延するとかの変動要因によって変化しうる。全体の方向がどう進んでいくのかを、私は知らない。変動要因を数え上げたのはただ、自然における均衡は絶対的に安定したものではなく、当該の条件でのみ妥当するにすぎないという普遍的なテーゼの例を示そうとしたまでのことである。したがってまた、「循環」という現象は、その寿命が長く、生の循環をたえず更新している点では慰めにはなるけれども、それでもやはり時間的であり、過ぎ去りゆくものであり、長い目でみれば変性を余儀なくされる性質をもっている。この現象は、規則的な因果性がかつて進化のなかで原カオスに打ち勝ったおかげで生まれたものであり、そこで同じ因果性によってたえず侵食されていかざるをえない。宇宙が過ぎ去りゆくというこの宇宙の性質に恐れおののくべきではない。大規模ではるかに続く分節化から獲得された、私たちにとっては長い寿命をもった期間のなかには、私たちにとって、また神的な観察者にとっても、世界全体の豊饒たる冒険の意味を形成するものが生まれるチャンスもまた存しているからだ。

いったいどうして、発展するのだろうか。なぜ、世界は諸要素、放射、因果法則を獲得しただけで固まってしまい、これらから成る最も一般的な持続の秩序とそこから直接に生じてくるマクロコスモスと化学を形成するだけにとどまらなかったのだろうか。ダーウィン[13]はこれにたいしてこう答えている。まったくの偶然から個別の事例において形成されたものが新たな特徴（構造の要素）をひそかに手に入れるのに十分な「無秩序」がつねにありつづける一方、一瞬の成功をかちえたものも、生き残るには数多くのさまざまな容赦ない基準を満たさなくてはならないから進化の淘汰の過程のなかで消えてゆくのだ、と。これこそが「超越が起こる要因」である。ここから新たなもの、そしてまた、より高次のものへと通じていく――ただし、そこには事前の情報、ロゴス、計画はないし、それどころか努力すらない。超越が起こるのは、ひとえに、すでに「情報」へとコード化された秩序といえども、周囲の無秩序が押しつけてくるさらなる情報にたいする抵抗力が乏しいからにすぎない。(2)

原註（2）ここでひとこと挿んでおこう。自己反復するデオキシリボ核酸のアミノ酸配列[14]が出現したことで、生命が生まれる化学的な準備は整った。それ以降は「情報学」が生の発展の原理となる。したがって、情報概念が真にふさわしくなるのはここからである。けれども、ここにおいてすら、情報の成長（既存の情報の変容、豊富化――したがって、まさに発展）はそこにむかうための先行する情報なしに生じている。成長は無秩序が偶然に進入して生じるのである。それが「記号」におよぼす結果は遺伝的テクストにとって新たな意味の要素となって組み込まれ、身体における試験によって保持されるか、あるいは、保持されないかのいずれかである。

さて、もし、デカルト[15]が主張したように、生き物が機械的な自動人形にすぎないのなら、以上をもって、このうえなく複雑かつ緻密にできた生命という形式（有機組織の段階）への上昇もまた説明されうるということになるだろう。しかしながら、生命とはなかなかそういうものではない。今、私たちは事物の本性について問うているわけだが、そこからもただちにわかるように、生命は類を異にしている。そこには主観的なるもの、内面がある。内面は質料についての所見からは推測できない。内面の存在は、物理学のモデルではいささかも明らかにならない。物理学の概念では、主観的なものを叙述もできなければ説明もできない。なるほど、主観的なものは外的なできごとと一体となって作用する――そのことは否定できない――とはいうものの、だからといって、主観的なものが空間を占めるようには思われない。もし、私たち自身の内的経験——すなわち私たちが意識それ自身によって意識の存在を知ること——がないならば、たとえ、脳の外的な内容が最も微細な構造や機能のしかたにいたるまですっかりわかるときがこようとも、意識がそこにあるとは予想もつかないだろう。とはいえ結局は、内面の次元は自然のできごとのなかに出現し、自然の形式に相即して現われるのだから、[16]内面の次元を視野に入れることは必要である。そのためには、内面という存在についての説明を、つまり宇宙論的な問いをもう一度初めからとりあげなおさなくてはならない。[17]

三　主観性の謎

こうして私たちは秘密に満ちたもの、すなわち物理的なものを超越するもの、非物質的なものにたどりつく。主観性ないし内面性は、存在論的には存在のなかに本質的に含まれている所与である。そういえるのは、主観性ないし内面性が他に還元できない固有な質をもっていて、これを逸すれば存在のカタログが不完全になるというためばかりではない。それ以上の理由がある。主観性ないし内面性のなかには明らかに、関心、目的、目標、努力、熱望——簡潔にいえば、「意志」と「価値」——が含まれており、そのことから、たんなる物理学的な所見からすると、もっぱら選択を欠いた作用因によってのみ決定されているかに思われた目的論[18]の問題がふたたび答えの出ていない問いとなり、それとともに世界の因果性についても問いなおされることとなるからである。主観性が生の領域に、有機体に相即して登場してきたことは経験的な事実である。総じて有機体の王国は物質からなる特定の化学的－形態学的秩序のなかから現われてきたのだが、このことは物質それ自体の外的特性（その「幾何学」とそのなかに封じ込まれている情報学）から説明できる。それにもかかわらず、（感受等[19]における）そこに開かれた内面の地平はそれでは説明できない。内面の地平は、有機的なシステムがそこから生成してきた所与のどれにも含まれていないので、まったく次元を別にしているのである。たとえば、電磁的な相が質量の相に付け加わったり、「弱い」あるいは「強い」原子力が重力や放射力に付け加わったりするように、あとからさかのぼって、いわば補完されて付け加えられるようなものではない。一方に空間的な量があり、他方に感受があって、それらを総和することなどとてもできない。「延長」と「意識」とは別の類に分類されると指摘することはできても、両者を同じ種類の分野の理論のうちに統一できるような共通の分母はない。それにもかかわらず、延長と意識とは共存している。しかも、たんに並存しているのではなく、相互に依存し、相互に働きかけあっている。少なくとも一方の側、すなわち内面的なものについていえば、それは「物質」と相即しており、物質と不可分である（というのも、物体をもたない精神は経験のあずかり知らぬところだからである）。いったい思考はどのようにしてできあがるのだろうか。その謎にふさわしい存在論とはどのようなものでありうるだろうか。

ここから思弁は（太古の昔から）実に多岐にわたる道を歩んできた。それらの道が示す定式化のなかには、他と比べていくぶん知性にとって受け容れやすいものもあるが、望みうるのはせいぜいその程度である。さまざまある回答のなかで大きくちがうのは二元論と一元論である。宗教と形而上学においては、二元論が長いあいだ支配的だった。二元論は、心がまったく特殊なあり方をしていることを心自身が自己発見するのを力強く後押しし、擁護してきた。(西洋の伝統だけにかぎるにしても)プラトン[20]、ザラスシュトラから[21]、パウロ[22]、オルフェウス教徒[23]、グノーシス主義者[24]、アウグスティヌス[25]をへて、パスカル[26]、キェルケゴール[27]と続く、二元論の教えを垂れる有力な面々に寄せる感謝の念は依然として消えない。この人びとが存在を、身体と心、世界と自己、感性界の質料とまなざしを内面に転じさせるみえない精神とに徹底して二極化しなければ、心は平板化し、みずからを知ることもなかったろう。とはいえ、実体の二元論は理論的判断に堪えるものではない。というのも、それでは二つの側面が分かちがたく緊密に結びついている有機体の生命という核心的な現象を説明できないからである。したがって、思惟する存在と延長する存在とを実体として分離するデカルトの考えは、論理的にも現象学的にも批判に堪えない。論理的にというのは、独自の思惟実体なるものをアドホックに要請したところで、実体であることはまさに思惟という性質においては証明されえないゆえに、その論証は機械仕掛けの神の論証であり[28]、(スピノザのいうように[29])無知の逃げ場だからである。現象学的にというのは、身体と心は事実としても因果的にも緊密に結びついているというだけでなく、それどころか心的生そのものの内実は――知覚、感受、欲求、快苦、感性の(像や音のなかへの)浸透や、さらには思惟の最も純粋な領域にいたるまで――心身分離に逆らうからである。だから、すべてを「純化された」意識(「純粋精神」)、したがって身体なき心が実在したところで、それは表象能力をもたない。表象することができない表象では仮説としても役に立たない。それとともに、個々の心が不死であるという貰い考えもまた消えてしまう。

二元論から一元論に移れば、唯物論一辺倒の考えを選ぶことになるが、しかしこれまた批判に堪えられない。その説によれば、心的生、精神の生、「意識」それ自体が、それとは別のもの――純粋に物理的に生成したものから形成されていて意識とは別のしかたで存在している脳のなかに生じる物理的に決定されたできごと――に付随している無力な現象である。この一元論的な「随伴現象」はその彼岸にある二元論の提案よりもいっそう致命的な自己矛盾に陥っており、哲学的に仮借なく論断することができる。[3] それにもかかわらず、一元論による謎の解明は試みられてよい。というのも、動物や人間のなかに産声をあげた主観性は沈黙せる質料の渦のなかから浮かび上がってきたのであり、その後も質料としっかり結びついているからである。それは世界を構成する質料の内部で生成した。質料それ自身がことばを獲得したわけである。質料の手がけた最も驚嘆に値するこの偉業は、しかし、あらかじめそうなることが質料の存在のなかに含まれていて、質料がその存在とひきかえになしとげたのだと考えてはならない。というのも、一元論的な解決が必要としているのは、存在論の改訂だからである。つまりは、物理学にいう、しかも物理学から抽象されて生まれてきた、外的に計量可能な概念ではなく、それを超えた豊かな「質料」概念――世界を構成する質料の形而上学――を、一元論は必要としているのである。さて私はここで、推測によるとはいえ熟慮に供されるべき提案を書き上げてみたい。その考えは、ああでもない、こうでもないと考え続けてきたこの数十年のあいだ、私の念頭を去ったことのない考えである。

原註（3）[30]　H. Jonas, *Macht oder Ohnmacht der Subjektivität?*, Frankfurt/Main 1981: Insel Verlag; Frankfurt/Main 1987: Suhrkamp Taschenbuch 1513（ハンス・ヨナス『主観性の復権――心身問題から『責任という原理』へ』、宇佐美公生・滝口清栄訳、東信堂、二〇〇〇年）

四　主観性という所与が宇宙論的所見に寄与するものは何か

のちになってついに現われ出るものを視野に入れるなら、ビッグバンから発展した質料は、内面性がひょっとすると出現するかもしれない可能性にもともと恵まれていたとだけは少なくともいわなくてはならない――とはいえ、内面性そのものがともなっていたというわけではまだまだなく、内面性へとむかうように用意されていたという意味で内面性にたいして開かれていたというのでもない。何かになりうるたんなる潜在性であれば、その何かにむけて生成の過程を導いていくような積極的な素質であるというわけにはいかない。いつかどこかで内面性という次元は質料に相即して出現し、今、私たちのなかに現実に存在している。この事実から最小限推論できることは、ただありきたりといってよいようなことでしかない。すなわち、内面性の出現はもともとそのように「作られていた」性質からして可能であったということでしかない。しかしながら、こういったからには、かかる性質は、物理学者が元初をめぐる思弁のなかで記述し、そこから宇宙の発展を導き出した事態を超えざるをえない。ここに二つの問いが掲げられる。誰（ないしは何）が質料にそのような性質を「恵んだ」のだろうか。そしてまた、それが「恵まれた」ということは世界の生起の歩みのなかにどのような関わりをもつのだろうか。つまり、創造主の当初の意志とそれがその後におよぼす影響についての問いである。

原註（4）アルフレッド・ノース・ホワイトヘッド[31]は『過程と実在』のなかで、すでにこのことをあらゆる「現実的実質[32]」に、したがって素粒子にも要請している。現実化した内面性を有機体以前の最も単純なものへとこのように拡張し、質料的なるもの一般とぴったりと重ね合わせてしまうのは、私にはあまりにも大胆で、私たちの経験に与えられる所与にはそぐわないように思われる。私たちが主観性の痕跡を発見ないし感知するのは、有機体の高度な構造を待ってのことだからである。

慎重に進もう。最初の原因に「意志」といったようなものはそもそも関わっていなかったのかもしれない。意志は最初にそこに居合わせていなかったのかもしれないし、その後に突如として出現するということもまったくなかったのかもしれない。そうではなくて、物質という地盤ができるときに、その後の可能性もいわばゆくりなくもそこにともに居合わせたのか、あるいは、たとえばそれなしにはそもそもいかなる物質もありえないという理由で不可避にそこにともに居合わせていたのかもしれない。けれども、主観性のようにけっしてどうでもいいものではないものが、まったくどちらでもありえたことから、つまり中立的なことから出現したはずだと考え、それゆえ、主観性の出現それ自体もまったく中立的な偶然にすぎず、それが登場するように働く選好が全然存在していなかったと考えるのはすでに、思考にとってきわめて過酷な要求である。そのような選好を物質の母胎のなかに想定するほうが、理性的に考えれば[33]、いっそう当然だと思われる——すなわち、徹頭徹尾意志である主観的な生という現にある証拠をみれば、この主観的な生を生み出したもの、つまり物質が、意志といったものと完全に疎遠であることはありえないと解釈するほうが、いっそう当然だと思われる。それゆえ、物質にはなんの計画もないのであるが（計画があるという説は、いくつも根拠をあげてこれまでに否定してきた）、とはいえ、物質には世界という偶然の機会をつかみとり、それをさらに推し進めるような傾向、あこがれといったものが帰せられる。そのかぎりで、「宇宙生成のエロス」[34]のほうが、原物質に内在しているできごとのなかにさかのぼって示さなくてはならない「宇宙生成のロゴス」と比べて、真理に近いのであろう。しかもまた、ほとんどが偶然にゆだねられている。たとえば、地球のように生命にとってとりわけ有利な条件をもった惑星が世界の過程のなかに出現したのは、途方もなく可能性の低い、したがってまことに途方もなく稀少なことだが、これもまた偶然にゆだねられていた(5)——しかしながら、もし世界の過程がそれを例外的になしたのなら、そうなる構えがそこにあったのである。主観という存在は自分に与えられた機会をうけとる。その機会を利用するさいには、中立的な偶然を超えるものが働いている。生とは自己目的である。すなわち、能動的にみずから意欲し、追求する目的である。目的をもつということは熱意をこめて自分自身を「然り」と肯定し、それによって、どうあってもかまわないような無目的なものを無限に圧倒することであり、そうであればこそ、目的をもつ側は目的としてみなされうる。目的をもつ存在がなければ、世界は空虚なものであるにすぎない。それは世界という企て全体がひそかに待ち焦がれていたものである。ということは、物質とは、たとえその潜在性が現実のものとなるには限りなく長い時間と、さらにはいっそう稀なる幸運が必要だとしても、当初から潜伏期にある主観性であるにほかならない。生きた証拠ただそれだけから、以上の「目的論」がひきだされる。

原註（5） 周知のように、生命が存在するチャンスは水の凝固点と沸騰点とのあいだにある。つまり、宇宙の物質が存在している何百万度もの温度の幅のなかで絶対温度二七三度と三七三度とのあいだのわずかな帯のなかにしかない。したがって、高度な種へと発展するには、何十億年ものあいだ、この条件が維持されていなくてはならない。大洋をもつ地球では、太陽からちょうどよい距離にあることでそれが保たれている。この距離の平均値がわずか十パーセント多ければ、全体的に凍結してしまうだろうし、五パーセント少なければ、水はすっかり干上がってしまうだろう。宇宙のなかの他の惑星系のなかで（それはたしかに多くはあるけれども）、この特殊なケースがくりかえされる確率はまったく算出されうるものではない。

ここまでの論証の原理はこうである。自然のある一部、つまり生命をもつ自然は目的を有している――目的をめざしている。このことは主観的には明白で、客観的因果的にも有効だから、目的を有するという性質はそのようなものを生み出した自然にとってまったく疎遠なものであるはずはない。この性質は「自然的」でなくてはならない。つまりは自然にしたがい、自然の条件にかない、自動的に自然のなかで産出されなくてはならない。ここから帰結するのは、世界が帯びている（まさに徹底的に中立的であるというわけではない）因果性の概念のなかに、目的因[35]が引き入れられなくてはならないということである。すなわち、そこへむかう傾向がともに働いている。作用因によって決定された構造のなかにはこの傾向の介入を許容し、それを受け容れる開放性があるわけである。[6] ここまでは、人間生きた所見にもとづいて、まったく内在のなかから出ないで考えることができた。というのも、に先行する生（アリストテレスの用語では、「植物的」生と「動物的」生[37]の領域）を解釈するには超越[38]について思い煩う必要はなかったからである。最もぼんやりした感覚から最もはっきりした知覚や最も鋭い快苦にいたるまで、内面の次元は、たとえ特定の外的条件に依存してできたのではあれ、世界のなかに普遍的に存在している物質それ自身の働きとして数えられるべきものである。この目的論的な潜在力が今述べた特定の外的条件、つまり有機体が進化し、とりわけ脳が進化するさいに協働して影響していたのか、それともたんに進化が独立に立ち現われて進入してくるのを待ち受けていることができたのか、それは知ることができない。けれども、推測は許される。そこへむかう「あこがれ」がすでに因果的に働いていたということはありうるだろう。質料によって豊富に供給される機会のなかの最初のチャンスをつかまえるや、その後は勢いを増して（というのも、チャンスが積み重なり、累乗的に）あこがれを満たすべく進んでいったということはありうるだろう。エロス概念を導入した時点ですでに示唆されていたことだが、私はそう思っている。だが、そのとおりだと知ることはできない。いずれにしても、そのような一般的な想定を学問的な個別の説明のなかで因果関係を説明するのに用いることはできない（とはいえ、進化に関しては、説明はいつも事後的につけられるものなのだけれども）。しかし、そのようなこととは独立に、生命という現にある証拠を現象学的にみれば、この証拠は、宇宙の存在についての教説にとって聞き逃しのできない存在論のことばを語っている。[39]すでにいわれたように、[40]それはともあれ内在が自分自身について語りだした声なのである。

原註（6） 量子論が古典的な決定論のこわばりをほぐして以来、この「開放性」、すなわち、因果関係のなか

には目的にむかう自発的な介入が存在する余地があるということは、もはや理論的に禁忌とされているような問題ではない。原註（3）にあげた拙著 S. 89-S. 116（邦訳『主観性の復権』六三―九一頁）を参照。[41]

五　精神の超越する自由

しかし、ここで事物の自然本性について熟考し、（正しいか誤りかはともあれ）上の結論にいたったのは、ほかならぬこの私たちである。まさにこの思惟という営みによって、生きた証拠ばかりでなくさらにまた人間にみられる証拠が付け加わる。[42] それとともに、いうまでもないことだが、超越の地平が現われる。思惟は、物質に帰することのできるすべてのもの（それについてすら内面性の次元を数えたのではあるが）を超え、したがってあらゆる「自然」を超え出ていく自由をもち、この自由のなかに超越の地平が示される。第一に、思惟はそのつどの主題を選ぶにあたって自由に自己を規定する。（生の語りがただちに最初のことばをもたないかぎりは）精神にいたってはじめて、自分が、真剣にであれ、戯れにであれ、軽はずみにであれ、まさにしようとしていることについて考えることができるようになる。第二に、感性に生じたことを（とりわけ内なる目や耳にたいして）みずから創造した内的な像に変える自由をもつ。したがってまた、構想力による創造の自由がある――この自由は、認知的関心や美的関心、畏敬や不安、愛や恥じらい、有用性や、あるいはまた、思うままに作るときの純粋な満足感に役立つ。最後、第三に、ことばの象徴的な飛翔力に担われて、そのときどきに与えられうるものとその次元から歩み出る自由がある。すなわち、現に存在しているものから本質へ、感性的なものから超感性的なものへ、有限なものから無限なものへ、時間的なものから永遠のものへ、制約されたものから無制約なものへと歩み出る自由である。初めてみずからを試みる若々しい精神ですらすでにもう無限なるもの、永遠なるもの、絶対的なものを把捉することができるように、これらの理念は精神の超越する自由を指し示している。固有なエロスがこの自由を駆り立てる。この自由は依然として感性的世界と結びついているが、それはただことばという感性的に代表するメディア[43]を介してでしかない。

これら三つの自由は精神だけが有する独自な特権であり、人間が動物を超越しているしるしである。(7)第一の自由では、目下に迫られた主題に束縛されなくてもすむようになる。つまり外界や自分の身体によって規定された状況による束縛から解放される。第二の自由では、あたえられた事物がかくかくしかじかのさまであるとしても、それに束縛されなくてもすむようになり、またそれにたいしてあらかじめプログラミングされた反応行動を必ずしなくてもすむようになる。第三の自由では――世界のなかに見出されるもの一般の存在による束縛から解放される。さて、想像に関わる第二の自由は内面のなかでみられたものをそれによって導かれる身体の運動の働き（作る、踊る、歌う、話す、書く！）に置き換える運動的造形力でもあるので、これらの自由はすべてまた行動にむけてみずから目標を設定する自由も含んでいる――したがって、実践理性の領域を含んでいる。これにたいして、第三の超越する自由が意味しているのは、人間は、見出されたものとそれによる要請によってゆるやかに束縛されるかわりに、見出されたものを超えて無制約者を考え出し[44]、みずから進んでその無制約者とそれの要請によってわれとわが身を束縛することができるということにほかならない。人間は自分の行動にたいして超越的な目標を設定できるわけである。絶対的な理想を信じて、それに夢中になることもあれば……あるいはまた、価値の誤解やたぶらかすエロスに導かれて妄想に夢中になることもある。

原註（7）[45] Hans Jonas, "Werkzeug, Bild und Grab. Vom Transanimalischen im Menschen", in *Philosophische Untersuchungen und metaphysische Vermutungen*, Frankfurt am Main 1992; Insel Verlag, S. 34-49.

価値を理解するとは、認識からさらに進んで、認識されたものが私にたいしてさしだす要求を承認するということである（直前にいわれたように、考え出された無制約者によって意志を束縛するという事態の根底にはこの承認がある）——したがって、「である」から「べし」へ、みてとられた質から価値の命令の聴きとりへと踏み出すことである。価値の理解によって、先にあげたすべての自由に加えてもうひとつ、人間の道徳的な自由が付け加わる。道徳的な自由はあらゆる自由のなかで最も超越的であり、かつまた、最も危険である。というのも、それはまた断念する自由、無感覚でいることを選ぶ自由、それどころか、（私たちがすでに学んでいるように）みかけはこのうえない善であるかのように飾られた根本的な悪のほうへと誤った選択をする自由ですらあるからだ。善悪を知ること、そのための識別能力はまた、善にも悪にもむかう能力でもある。「エロス」は善を選ぶときにいつでも動機として働いているにはちがいないが、明らかに導き手としては、真の目的をみてとり、そこへとむかわせる保証をもつものではない——人間の場合、エロスは高度にみるものと化しており[46]、それでもなお、いやまさにそうだからこそ保証がないのである。とはいえ、とんでもないみまちがいを犯し、倒錯した意志を抱いてしまい、そのために陥りかねない奈落の底が口をあけているここにはまた、善の命令に捧げられた生と聖なる意志という峻嶺の頂が天高くそびえており、この世ならぬ燦然たる輝きをこの世の喧騒のうえに投げかけている。時間的なものは永遠の瞬間によって栄えあるものとなる。

このような可能性の場である道徳的自由をまるごと把握するためには、知的な自由のもうひとつの側面を付け加えなくてはならない。そこでは思惟の三つの自由がいっしょに働いている。それはすなわち、自分を自分自身にさしむける能力、自分自身とその主観、つまり自己を主題化する能力――したがって、反省する自由である。この自由もまた人間だけに、したがって精神だけに帰する根拠がある。感受し、欲求し、感性的に知覚する心ではまだまだそこに反省する自由を帰することはできない。なるほど、あらゆる形式の自由が人間のみに限定されているというわけではない。自由の原理とその現実的な様態は、すでに物質交換をする有機的な存在のなかに、つまり一切の生き物のなかに認められる(8)。このことからわかるように、主観性という次元もまた、主観性が可能となる条件である有機体と結びついて現われ、したがって脳という基礎、それどころか神経という基礎を超えて、その基礎がないものにも行きわたっており、明澄冥暗の程度の差はあれ、生命の領域全体に広がっていると推測される。しかし、人間にあっては、これらすべてがもう一度質的に飛躍して高められている。反省する自由は、このいわば「内在的超越」[47]の傑出した様態である。反省において「みられる」ものは、単純にはみることのできないものである。すなわち、主観性の主観であり[48]、すでに現象ならざる自由を手にした「自己」（カントはこれを「本体」[49]と名づけた）――自分自身にとってもいつまでも永久に謎めいていて、つかみがたく、しかしながら、あらゆる価値にたいしてその評価を下す対極としていつも居合わせているものである。たしかにそれの下す評価はけっして「たんに主観的」ではないけれども、その評価された価値は本質的に「応答する主観」にたいする価値にほかならない[50]。

原註（8） H. Jonas, *Organismus und Freiheit*, Göttingen 1973: Vandenhoeck & Ruprecht, とくに S. 124-137, 151-163（邦訳『生命の哲学』一四六―一六四頁、一八五―二〇二頁に対応）。"Evolution und Freiheit", in: *Philosophische Untersuchungen und metaphysische Vermutungen*, Frankfurt am Main 1992: Insel Verlag, S. 11-33（「進化と自由」、P・コスロフスキ、Ph・クロイツァー、R・レーヴ編、山脇直司・朝広謙次郎訳『進化と自由』産業図書、一九九一年、一九八―二二三頁）.

さて倫理的な事態に話を進めるなら、そこでは、今度はこの価値づけする自己それ自体が評価され、価値を求める意欲の対象となり、すなわち良心による判断のもとに服せられるという驚嘆すべき反省が行なわれる。責任を求めて呼びかける客観[51]――（人格であれ状態であれ）世界のなかにあり、外なる非我――にとっての善にたいする配慮のなかには、また、内なる善への配慮、つまりその本人の人格がよくもなりえ、よくなる責めを負っているということへの配慮も含まれている。内なる善へのこの配慮は、たしかに第一に意欲されているわけではない――つねに第一に意欲されるのは世界のなかに存在している相手の福利でなくてはならない――が、しかし、ひそかにであれ、公然とであれ、ともに意欲されている。主観がこうして自己への配慮を含めることではじめて、世間的な関係におけるたんなる道徳的なことがらが人格への要求に満ちた倫理に高められる。他者にむけられた最初の意欲は、当の事例で幸運にも満たされることもありうる。しかし、それといっしょに意欲されていた、自分が自分自身のあり方にむけた配慮は、つねに満足されないままに、それどころか疑念に悩まされるままにとどまらなくてはならない。

どうしてそうかといえば、その理由は、自己へのこの配慮は第三の自由としてあげられた、無限なるもの、永遠なるもの、無制約者へと移行する思惟の自由を規範としているからであり、その場合にかぎって自己を配慮してもよいからである。[52] かつまた、善への自由は同時に悪への自由であり、悪は千の仮面をつけて善にむかおうとするどの意志のなかにも潜んで待ちかまえているからである。自己を超越的な尺度のもとに吟味することで、配慮は無限なるもの、無制約者にむくようになる。永遠の光のもとで無限なるもの、無制約者が配慮すべき問題になり、うつろいやすい有限な客観にとっての時間的で制約された善だけがもはや問題ではなくなるとともに、同時に、配慮は、自分自身へと解放された主観の無限の狡猾さにもさらされる。つまり自由な意志とは、たとえば、きわめて現世的な虚栄といった不純なものをも精を出して伸ばしてしまう一面をもっているし、そこまでいかなくとも少なくともそういう疑念をけっしてふりはらうことができないような両義的なものなのである。自己配慮と自己吟味によってみずからを映す鏡である反省のなかには、こうした両義性が本質的に含まれている。(9) ここから、至高の善への愛に身を焦がしつつ、自己探究の苦しみにもだえ苦しんだ人びとは、すさまじいまでに、心の深さを探測し、深い懺悔とともにその深みに沈潜していった。それについては、魂をゆるがす告白を記した世界の文献が私たちに教えるところである。

原註(9)[53] Hans Jonas, *Augustin und das paulinische Freiheitsproblem*, Göttingen 1965, Vandenhoeck & Ruprecht, speziell Anhang III "Philosophische Reflexion über Paulus, Römerbrief Kap.7" (S. 93-105).

六 精神という所与が宇宙論的所見に寄与するものは何か。西洋の形而上学による諸論証

宇宙論から人間論にそれてしまった。ここで、この人間論が本来のテーマである宇宙論にどのような寄与をするのか——したがってひょっとすると宇宙生成論、つまり創造の問題にどのような寄与をするか、という問いをとりあげよう。人間に関する所見——つまり、私たちがこうして存在しているということ、そこに見出されること——は、万有の第一の原因について何か語りだすものをもっているだろうか。人間の現在は遠い「元初にあっては……」うんぬんと語りだすものをもっているだろうか。

ここでまず銘記しておくべきことがある。純粋な内面性の代弁者である観念論哲学者も、純粋な外面性の代弁者である唯物論的物理学者もたやすく忘れてしまいがちだが、主観的なものそのものが存在することは世界のなかの客観的事実であり(これを否定できるのは独我論[54]だけである)、したがってまた人間に関する所見は宇宙論のなかに属しているということがそれである。人間に関する所見は宇宙の所与として宇宙論の観点からその真価を検討されなくてはならない。だから、哲学的人間学は存在論の名に値する存在論のなかの不可欠な一部であり、もっとあからさまにいえば、自然科学の目

的のために純化された自然ではなく、現実の自然について論じようとする理論なら、そのどれにとっても不可欠な一部である。

さて、さきほど精神について「超越する」という属性を付したが、精神の能力と経験のなかには、古くから神的なものがみてとられていた。似たものは似たものによって認識されるという、思わず信じたくなるような根本原則からするとそうである。プラトンもアリストテレスも（すでにピュタゴラスも）[55]それにしたがって論証している。すなわち、精神は不変なるもの、永遠なるもの、神的なるものを看取することができ、あるいは少なくとも言及することができるのだから、それらのものとすでに根源的には近いありようをしていなくてはならず、認識すればするほど認識されたそれらの存在の一部を実際に獲得していく。それゆえ、心の全体がそうだとはいえないにしても、心の至高の認識的部分である理性は、生成消滅に染まった全自然を超えて、それ自体「永遠」で「神的」なものである、という論証である。内容はまったく異なるが形式的には、聖書も同様である。創造を描く書によれば（もちろん蛇の口を借りてだが）、人間は神に似ており、ということは創造主自身の意図として最初から神に似せて造られたわけだが、その「似像性」は、「善悪」を知るということのうちにある。[56]今あげた二つの事例、ギリシアとヘブライのいずれにおいても、志向される対象から志向する思惟それ自体と思惟する主体——心ないし精神へという方向で、類似性が推論されている。超時間的な真理や超時間的な命令が考えられているという事実から、知のなかにそれに対応する超時間的なものがあると推論されている。論理的には、私たち自身はこの推論にしたがうことはできない。それでも、この推論にはなお考えるべきところが多い。あのピュタゴラスが自分の教説の超時間的な真理にふるえおののきながら踏み込んでいったとき、イスラエルの預言者たちが神のことばの道徳的な要請が無条件に従うべきものであることを初めて聞き知ったとき、そしてまた他の文化にある同様の瞬間においては、内在のなかに超越の地平が出現したのである。そこには、語られた当のそのことが語られているだけでなく、超越という、そのなかで開けが生じるそのことのありようが帯びている特性がなにがしか語られている――つまり、超越であるということは、聞き知られたことが超越であるばかりか、聞き知ることとそれ自身もまた超越なのである。[57]

だから、上に述べた推論は逆方向にも用いられる。思惟されたことから思惟へという方向ではなく、思惟から思惟されたことへという方向である。そういう推論も進められた。まず、アンセルムス[58]の神の存在論的証明がそれだった。その証明は、このうえなく完全である存在の概念、つまり考えられたことがらから、その考えられたものの必然的な実在を導出する。この「証明」が論理的に支持できないことは、カント以来、証明済みとみなされている。[59]だが、この証明のなかには、完全という概念を意識にもたらすことのできる存在をめぐる問いがもつ意味を、証明しているとはいえないにしても、なお示唆するものが含まれている。デカルトは神の存在論的証明を因果的な関係に転じてこの方向を推し進めた。すなわち、無限で完全な存在の理念は人間精神のなかに含まれているとはいえ、原因は少なくとも結果と同じ程度の「実在性」を含んでいなくてはならないという根本原則にしたがえば、有限で不完全な人間精神はこの理念を自分のなかから作り出すことはできない。したがって、意識のなかにこの理念があるということは、ただ意識の外にあるこの理念と共約可能な原因、つまり無限な存在それ自身によってしか説明されえない。したがって、この無限な存在の実在が証明される、というわけである。認識する主観から出発する類似性による論証はまた、認識される客観のための十分な根拠についての論証によって補強される。この種の神の存在証明もまた論理的な吟味に堪えるものではない。というのも、理念という志向的対象（客観的実在）[60]と事物の実在的内実（形相的実在）とは——一般化すれば意識と物とは——けっして量的に比較されうるものではないからである。外界のあらゆる量をひとまとめにして、測りうるものという共通の名前をつけたところで、外界と内面（測りうるものではない）とのあいだに因果的な往復ができるようになるわけではない。それにもかかわらず、この失敗した試みにも残るものがある。内的な超越という所見を第一原因をめぐる問いに結びつけた点がそれである。この点をとりあげよう。

七　以下の考察の推測的性格

内面性が世界のなかに現存しているということは、すでに述べたように、宇宙の所与であり、したがって、理性、自由、超越という人間にみられる明証[61]もまた宇宙の所与である。宇宙の所与であるかぎり、それらは宇宙論のなかに属する不可欠な要素である。これらの証拠が物語っているのは、万有（Universum）はそのようなものがそのなかに存在しうるようにできているということ、いやひょっとすると、そのようなものは万有から必然的に生じたものかもしれないということである。このことは私たちに万有の第一原因、創造について教えるところがありはしないか。この問いを発するとともに、私たちは宇宙論的所見から宇宙生成論的推測に踏み入る決定的な一歩を踏み出すことになる。推測という性格は否定できないと私は思う。私がこれから語るべきことはみな模索の試みで、誤っている可能性がきわめて高い。とはいえ、このような試みはときには着手されなくてはならない。というのも、創造について問う試みは人間精神が不遜にもあえて試みる問いであるとはいえ、この問いは人間精神をせっついてやまないからである。[62] それとともに、知は信に移行する。もろもろの偉大な宗教が発する声は耳を傾けるべき証言ではあるけれども、ここにいう信は啓示による信ではなくて、理性による信である。このような考察に証明能力ありとすることは禁じられている。証明能力をもった「自然神学[63]」に到達しようという試みは、昔から着手されてはつねに失敗してきた。けれども、その失敗のなかには有効なこともひそかに含まれている。その一部を身につけることは禁じられてはいない——なにぶん、私たちは創造について問うというこの問いのなかの問いにたいしてひとつの答えを出そうと、今ひとたび、歩を進めようとする途上にあるのだから。豊かな知識と経験をもつ耳には、宇宙論的な神の存在証明、目的論的な神の存在証明[64]、存在論的な神の存在証明から聞こえてくる響きは、もはや明確には区別されないままに聞き逃されることはないだろう。私としては、かくも幾度も繰り返されてきた失敗に、なおもうひとつの失敗を付け加えるはめになるとしても、そこにそれなりに学ぶところがあるならば、それで満足である。そこで、けっして終わることのないだろうそうした試みの系列に伍して、私たちも私たちの試みをあえてしてみることにしよう。

これまで話を進めてきたなかで次のような形式の論証をくりかえし行なってきた。すなわち、内面性、関心、目的を果たそうとする意欲をもった生は世界を構成する質料から現われ出たのだから、世界を構成する質料にとってそのようなものが本質的にまったく疎遠であることはありえない。もし、本質からして疎遠であったなら、(ここから論証は宇宙生成論になるが)その発端から疎遠だったわけである。ということは、ビッグバンのなかで形成された物質にすでに、主観性に通じる可能性が居合わせていたのでなくてはならないということである――内面の次元は潜伏していて、宇宙のなかの外的な状況をとらえて顕現しようと待ちかまえていた、という論証である。私たちはさらに推測を進めて、この「待ちかまえている」ということを、物理的な条件の進展にめぐりあったときに自己実現するように外的条件に力添えして働きかける「あこがれ」とみなした。つまり、生が出現する宇宙の前史にあって全体を支配していた機械的な偶然のなかにひそかな目的論をみたわけである。いやそれどころか、すでに最初の元初にすでにその方向にむかう「意欲」の要素を宇宙生成論として推測しもした。すでにみたように、この種の推測は自然に関する哲学に内在しうるもので、その限界を超えてはいない。「みる」知性が初めから存在していたとか、時とともについに達成されるものがあらかじめ永遠にみられているのだとかというふうに想定する必要はない。無意識な傾向は生きた所見でも満たしている。この所見が汎心論を考える支えを提供しているわけだが、汎心論はまだまだ神学ではない。簡潔にいえば、生という現にある証拠は存在論にとって決定的に重要だけれども、それはまだ内在が内在自身についてあげた声にすぎない。

八　精神の第一原因についての問い。それは精神よりも乏しきものでありうるか

精神は人間にみられる所見だが、とはいえ、たとえ微小な一部ではあれ、宇宙にみられる所見の一部である。とすれば、前節にまとめた論証は精神という証拠についてもあてはまるだろうか。原因は結果と対等であるというデカルトの考えは、量にあてはめて解釈すると論理的な無意味に陥るものの[65]、その点を別とすれば、直前の問いについてはなにがしか的を射たところがある。話を質にかぎって、こう問うことはゆるされる。精神の原因は精神よりも乏しきものでありうるだろうか、と。今念頭においているのは、「第一」原因――万物の母胎のなかに存している原因のことである。精神が精神ではないものから現われ出ることができるということは、副次的な原因については、否定できない。ヒトの個体発生のうちに、いわば毎日、目にしているとおり実際そうである（個体発生を超えて系統発生についてもそうだと断言できる）。胎児のなかに、将来、精神の身体上の担い手である脳が形成されるのは、ゲノムによるひとえに物理化学的な指令によってである。どうしてそうなのかはわからないが、胎児のなかの純粋な質料の配列が脳の生成過程のための「情報」(10)を含んでいて、やはりどうしてそうなのかわからぬままに仕事をする。そこに精神の関与はない。当然、まえもって与えられている情報とプログラミングとを寄託された質料を第一原因とみなすひとはいない。けれども、こう問うてみよう。脳のできる誘因を暗号化してそこに仕込んだのは誰だろうか、あるいは、何だろうか、と。すると、遺伝のレールの敷かれたなかで物質からできた型が純粋に物理的に、これまたまったくどう

してそうなのかわからぬものの、うけつがれてきたのだということになろう。さらにさかのぼれば、個体発生の結果としてできた、情報に乏しい、精神からかけ離れた型をもとにして、そこから偶然生じる突然変異によって系統発生的に伝えられる型が徐々に、しかも（ただ淘汰によってのみ操舵されるのだから）先の見えないままにできあがってきたのだということになろう。生成の偶然の戯れが作り出した無数の中間段階を経て、すなわち真核生物から原核生物にさかのぼり、さらには自己複製する分子の結合の登場、つまり情報を含む最初で最小限のものへ、そこからついには世界を構成する無機質の普遍的ないわゆる中立的な自然へ――情報のまったく欠けた零地点に行き着くことになるだろう。それゆえ、時間系列をさかのぼれば、精神にだんだんと近づくのではなく、逆に精神からだんだんと離れていくこととなる。[66] [67]

原註（10）　とはいえ、このやり方で作られるのは、精神を将来担うことになる潜在的な担い手だけであって、精神そのものではない。精神がようやく成立するのは、新生児が新生児の周囲にいて新生児に語りかけるすでに存在している精神的主体と――初めはまったく受動的に、その後みるみるうちに相互的に――コミュニケーションをとるようになってからであり、そのかぎりのことである。ことばによって新生児に語りかける周囲がいなければ、生まれたばかりのヒトは、身体が死なずに成長したとしても、けっして人間にはならないだろう。ことばはすでに話せるひとから学びとるものである。ということは、精神もまた、先に存在している精神から学びとられるものであるにほかならない。先に存在している精神との交流によってのみ、新しい精神は、遺伝的にすでに用意されている脳を道具として活用して成り立つのである。その後も活用しつづけることで初めて、身体に属すこの道具は成長が完成するのであって、活用なしには発育

が不良になるか、あるいは使用に堪えるまで成熟しないだろう。したがって、誕生、つまりこの世界への登場と同時に、胎児段階での（なお継続中の）身体の個体発生の上に重なるようにして、今や精神的情報にもとづいて新たな種類の個体発生が始まるわけである。後者の個体発生は、すでに存在している精神が外からもたらすことができるのみであり、それによって、ゲノムによる内側からの先の見えない「情報」が実現されうる。それゆえ、どの個体の個体発生においても、現実の精神が生成するためにはつねにすでに現実の精神が前提されるといえる（私はこの点について友人ハインリヒ・ポーピッツ[68]の示唆に感謝する）。ここで行なった論証は、精神へと形成される潜在的なものを生み出す一般的な可能性が物質一般のなかには根源的に装備されているという前提と相似ている。

ところが、今こうして原因を探る道をさかのぼり、真理を求めんがためにまさにこの耳慣れぬ洞察へと駆り立てられているものは、私たちの精神にほかならない。かつまた同時に、この精神は事実にもとづく認識から、自分が存在し、考えることができるのは、どこにも瀰漫している物質に、しかもそのわずかな一部、脳のなかに集められ組織化されている物質のおかげだということを知っている。こうして精神は、精神にとって異質な、物理学が教えるようなあらゆる性質を帯びたもののなかに――いかに特殊な条件と結びついているにしても――精神が実際に可能になるための可能性が恵まれていることを認めざるをえない。精神を可能にする条件と私はいった。それは生を可能にする条件や主観性を可能にする条件を超えたものである。というのも今や、物質とは初めから眠れる精神であると喩えてみてもよいだろうが、そこにただちに付け加えなくてはならないことは、眠れる精神の現実の第一原因、眠れる精神を創造する原因はただ覚醒した精神でしかありえないからである。潜在的な精神の原因は顕在的な精神である――生や主観性は漸進的な自然にしたがって眠れるしかたで、無意識のままに始まることができ、その第一原因、質料を誕生せしめる作用のうちにまだ意識を要請しなくてもよいのだが、精神は生や主観性とこの点で異なる。こういうわけで、宇宙にみられる所見の一部をなす人間にみられる所見――つまりは、精神の自己経験、とくに精神が思惟によって超越的なもののなかへ闊歩して踏み込んで得た自己経験――からすると、事物の根源には、精神的で思惟する超越的な超時間的なるものが要請されることとなる。それは、原因がただひとつだとすれば、第一原因であり、複数の原因があるとすれば、協同して働く原因である。

以上述べたことはなんら証明ではないし、誰にも同意を強制するものではない。私はそれを知っている。だが私には、この見解が理性にゆるされる推測のなかで最も納得のゆくものであるように思われる。先に進むために、読者はためしに一度この推測を仮説としてみずから考えてみていただきたい。というのも、合理的な論証の明るみのなかで論究されうるようなはっきりした明確な問いが生まれてくるのは、ともかくそうしてみてからのことだからである。これから私の論究をその主たる論点について思想史のなかのさまざまな偉大な回答と比較しよう。時代が進むにつれ、知識はますます難題を抱えるようになっており、私自身の回答はその知識にかなうように試みられ、思想史のなかにつけくわえられるわけだが、とはいえ過去の偉大な回答を無視することは愚かなことであろう。形而上学に踏み込むことはカント以来禁じられており、とりわけ分析哲学者たちからは常軌を逸する試みとして忌み嫌われているが[69]、分析哲学者の私の同僚たちには私がそれをしたことをおゆるしいただきたい。

九　擬人観ではないかという異論

人間にみられる証拠を動員したのだから、何より先に、「擬人観」ではないかという昔からある異論について一言しよう。この異論には、人間のうぬぼれを難じる非難が結びついている。神の思惟や意欲や判断について語るとき、私たちは（身体は別として）私たちに似せて神性を作り出しているのではないか。だがそれでは、いったいほかのどこから外挿[70]を展開すべきだというのか。牛とふくろうからか。蛇と猿からか。周知のように、こうした試みはみななされている。だがここにイスラエルの神がいる。この神は、自分に似せて人間を創造しようとみずからいい[71]、人間との類似を告白している。この考え方は優れた考え方のひとつである。自明のことながら、神的なものの概念を形成するには、存在のなかに示されている最も高度のものから出発しなくてはならない。宇宙のなかで私たちに知られているもののなかで、精神こそが私たちにとって最高のものとして存在している[72]。それは人間の身びいきかもしれないと嫌疑をかけられようとも、この点はいささかも変わるものではない。私たちが有しているもので神に欠けているべきものは何だろうか。このように私たちを出発点として推論するという意味で、神について考えるさいに[73]、擬人観は正統性をもっており、捨て去ることはできない。当然、この思想は、トマス・アクィナスが存在のアナロギア[74]と卓絶した様態（modo eminentiae）[75]とによってするどく指摘したように、それ自身の不十分さをわきまえている。うぬぼれだ、人間中心主義だという非難があろうが、その非難は、「最高の被造物」という実際自慢たらしい決まり文句にこそあてはまりうる。これにたいして、「人間の尊厳」という誇りは、適切に理解されれば、まさにこの誇りが言い張るものを粉砕してしまう。尊厳が示されうるのは、ひとえにそれを巨大な重荷として、神の似像たれという命令として理解されたかぎりのことだからである。人間の演じていることをみれば、尊厳よりも恥のほうがはるかにふさわしい。というのも、神の似像たることに忠実であるよりも、それを裏切ることのほうが断然多いからである。このうえなく深い闇のなかでくりかえし何度か明かりをともした、神の似像たることを裏づけた稀少な例に、私たちは感謝しなくてはならない。というのも、そういう例がなければ、ぞっとするような事態や無感動とで織り交ぜられた、神の似像たることへの背反に満ちた世界の歴史をまえにして、私たちはまことに人間の行なう冒険に絶望せざるをえないからである。義しい人たちの実例があって、私たちは絶望のまえでふみとどまり、幾度もくりかえし救われてきた。けれども、人類がみずからほめうる根拠はたしかにない。擬人観というテーマ、神学的問いについてはこれだけにしておこう。

一〇　質料と精神の両立。デカルトの二元論と進化現象のまえでのその挫折

宇宙論の問いとは、原物質が精神の成り立つ可能性に恵まれていたことをどのように理解すべきかという問いである。そのことの最小限の意味をとれば、物質はそのただなかに精神が出現し、その後働くようになる余地をゆるした——つまりは精神の時が満ちたときに、あるいは、物質についてその準備ができたときに、精神を聞き届けたということにほかならない。精神が出現したという純粋な事、

実から証明されるのはこれだけであり、それにしたがえば、現実に生成したものはもともと可能であったにちがいないというほぼ同語反復的な結論しか出てこない。創造のことばに翻訳すれば、精神を創造した原因ないしは協同して創造した原因が初めから、精神の共存する余地のあるような性質や法則を備えた質料を創造したのだという結論である。これでは、たんに両立可能であった、拒否されてはいなかったという消極的な性質になろう。（まったく質料のみによる決定論が長いあいだ信じられてきたが、その説が示しているように、たんなる消極的なこの性質は自明なものではない）[76]。消極的な性質だけで考えた場合には、創造する精神は少なくとももう一度原因として働かなくてはならないことになるだろう。すなわち、創造する精神によって慎重にあけておかれた可能性の働く余地が物質の歴史のなかでどこかで一度——この地球において——実際にその場を得るようにするときである。その場が開かれる原因は世界を構成する質料そのものにあるとしてもよいかもしれない。しかし、もろもろの有限な精神がその場を得る原因は、外からの精神をおいてほかにない。事態がこうしたなりゆきであれば、このなりゆきは、延長でしかない物質と思惟でしかない精神という二つのたがいに疎遠な実体からなるデカルト的二元論と両立するであろう。もしも、人間が世界に、突如として完成したかたちで——たった一度だけ——出現したというのであれば、創造主が元初の創造を補うために適切な瞬間に一度だけ圧倒的なしかたで介入したという説明は、異質な新しいものが生まれたことの説明としてそれでも耳に入りやすいものではあるだろう。「適切な瞬間」というのは、機械論的な原因から幸運にも人間の身体機械[77]ができあがって現存するようになったときのことである。しかしながら、私たちは突如としてできあがったわけではない。進化にみられる所見が教えるように、人間は動物の心が精神に近づいていった長い前史をへて現われてきたのである。思惟する精神にみられる現在の所見が教えるように、思惟する精神は、知覚、感受、欲求、快苦——これらはすべて身体と結びついている——といった感性的‐心的なものと切り離すことができない。けれども、人間の生成、したがって精神の生成が生物としての時代や段階にわたって広がっているとしても、そうなるには、前述の最小限の仮説にしたがえば、神的な介入がなくてはならないだろう。だとすれば、この介入は——進化の証明ならびに内観による証明にしたがえば——一度きりではなく、たえずあったことになるだろう。いいかえれば、神が世界を統治していたことになる。ところが、神による世界統治を容れる場はデカルトにはなかった。デカルトにとっての問題はひとえに、延長するもの（res extensa）の法則にもとづいた精確な自然科学の基礎づけとその法則の必然性だけだったからだ。感じることのない自動機械として動物を説明し、動物についていかなる心も否定したとき、デカルトは自分のしたことをまことによく知っていた。自然法則の唯一の例外として、精神が人間のうちに受肉したという一度きりの驚異については、物質主義的で物質内在的な自然科学はいずれにしてもまだしも甘受することができたが、存在の歴史のなかに補完原理として何度もくりかえして驚異が生じることは甘受できなかった。とはいえ、デカルトは自説を救うその強攻策によって何も得るところはなかった。自動機械という思い切った虚構は、動物と少しつきあうだけで砕け散る。人間のなかに突如として精神が随伴するようになったという虚構は、そのための線路をしいた進化の実情にあたれば砕け散る。さてすると、たんに精神と両立しうるだけの物質にもとづいた仮説――創造にたいする最小限の仮定――によって精神という事実を説明しようとすれば、そのためには、実のところ、残されているのはただ前述の選択肢しかない。すなわち、神による世界統治、世界の進行につねに改めて介入する一般的条件および特殊的条件という補完的仮定が残されているのみである。しかし、この仮定を私たちは退けなくてはならない。その理由は、ひとつには、補完原理というのでは方法論的にみてふさわしくないからだ。実際、原理を補完するというのでは、説明という理念そのものを壊してしまう。また別の理由として、自然や歴史についての私たちの知識のなかに、したがって理論的にも道徳的にも、この仮定に真っ向から逆らうところがあまりに多いからである。それについてはのちにふれよう。それゆえ、精神の運命をその後見役にゆだねるかわりに、精神を生んだ第一の根拠は、時間のなかに放たれたとはいえ、精神とたんに中立的に両立しうるというだけでもなければ、精神との共存をたんに許容するというだけでもないような原物質のなかにともに与えられているのでなくてはならない。あの二元論はそれをあとから継ぎ足したのだが、外と内との緊密な関係がいずれにしても想定されなくてはならないのである。

一一　質料と精神の完全なる合致。スピノザの物心並行論と宇宙における精神の稀少性のまえでのその挫折

物心並行論によってこの道を切り拓いたのは、デカルトの偉大な修正者スピノザだった。彼はデカルトの対極にまで進んでいった。すなわち、あらゆる存在はその本質にしたがって、もとから同時に延長かつ思惟、物質かつ精神、自然かつ観念である――両者は永遠の絶対的な実体という同一の貨幣

の両面にすぎない。絶対的実体はその両面において同様に自己を表現する。どの外部もそれに対応する内部に相応している。その両者が相まって（さらに私たちには知られない属性を加えれば）、永遠の無限な神的なるものが実在するあり方となる。このことはもろもろの状態の継起のなかで起こるのだが、それはひとえに、神の無限の充溢が有限な諸様態のなかで一時に呈示されることができないからにほかならない。だが、どの今の時点に呈示される様態全体のいずれもが神の完全性を表わしているから、そのどの状態も――先行し、あるいは、継起する――他の状態に等しい。

このすばらしい構想も私たちの経験が下す判断に照らせばもちこたえるものではない。ここには始まりもなければ終わりもない。成功、不成功、よりうまくいった、よりまずいことになったといったことがなく、いわんや善も悪もない。そのようにみえるのはただ個別者の観点からにすぎないというのである。全体――物心全体――はつねに完全な状態にある。偶然の入り込む場はなく、自由は幻想である。精神は物体の本性と同じように規定され、いかなる瞬間も物体の本性と厳密に等価のものにほかならない。精神と物体の双方において、永遠なる神の本性の一にして同一なる必然性が支配している。神の本性がその属性のいずれかを優遇することはありえない。すると、時間もまた現実に決定を下せる場ではなくなり、たんに永遠の必然性が間断なく、別の選択肢もないままに無限に展開するための媒介にすぎなくなる。つまりは永遠の必然性は、煎じ詰めれば、無時間的に自己を呈示しているわけである[78]。精神の生成についても、個体ごとの個別の事例を除けば、この全体のなかでの問題となりえない。精神はいつもすでに――永遠の昔から――世界の外的な質料、空間のなかに延長しているものとともにある。両者と物質は同一のものの等しく根源的なたがいに相補う要素としてともに居合わせている――その同一のものとは、無限の実体が永遠に続ける自己思惟である。

この点――世界の永遠性と世界のなかに存在する顕在的な精神の永遠性――だけをとってみても、このヴィジョン全体はスピノザ以後獲得されてきた知識のために挫折する。私たちの直観に反するその他すべての受容しがたい点はおいておいてもよい。それらについてはいずれにしても、純粋に内在的な汎神論かつ汎心論は、それがそれであるかぎりは善についての超越的な規準をもたないのだから、汎霊論[79]でもあるし、汎悪魔論でさえもありうるという神学上の異論がもちだされるだろう。ここではもう少し控え目な、しかししっかりした根拠のある異論を出せば十分である。すなわち、中世の創造信仰の番人たちは、世界は永遠か、それとも時間的な始まりがあるのかをめぐってアリストテレス主義と戦ったが[80]、この戦いはカントが純粋理性の二律背反において経験に信頼を寄せたのよりもいっそう優れた経験的な根拠によって、時間のなかでの始まりがあったというほうに軍配があがった[81]。つまり、スピノザが根をつめてそこから脱却しようとした信仰のほうに軍配があがったわけである。さらにつけくわえておかなくてはならないが、自然について現在知られていることからすると、アリストテレスの説ならびに聖書の信仰の創造説は、完成し分離した多様な種が昔から存在していたとする点で論駁される。このことから私たちの宇宙論上の異論に第二の、しかも第一に劣らず重要な要素がつけくわわる。紆余曲折をへて徐々に生成してきた生から、その後、精神が難関を乗り越えて宇宙のまったく唯一の場――生命も精神もない空虚、つまり質料のみからなる巨大な時空のなかでの例外的な場所――に生成してきたという点がそれである。このことはビッグバン以上に確実に知られている。宇宙生成に関するこの二つの認識――世界には始まりがあったということと全体のなかで精神は遅くに生まれた稀なるものであるということ――を、私たちは宇宙生成論の問いのなかにもちこまなくてはならない。

一二　宇宙生成論の問いをすでに述べられた宇宙論的所見にしたがって新たにたてなおす

したがって、私たちは、まだ精神を欠いているものの、とはいえ精神が生まれる可能性に恵まれている原物質から出発しなくてはならない。先に述べたように、この「可能性」は、たんにそうなったとか、空虚な両立可能性といった、あとからひきつづいて精神を供与するために彼岸の原因が介入しなくてはならないというようなものであってはならない。さらに、私たちは直観にもとづくテーゼをもっている。すなわち、精神の最初の創造的な原因はそれ自体精神であるにちがいなく、しかもこの精神は世界の進行にあとから介入するようなことは控えるものであるというテーゼである。このテーゼをしっかり把握するなら、今や問いはこうなる。世界を構成している最初は精神を欠いていた質料に、精神は精神に関わることがらをいかなるしかたでゆだねたのか。

さて、元初の精神のなかに、宇宙生成のロゴスがあったのかもしれない――計画には計画を立てた者が、プログラムにはプログラムを組んだ者がいなくてはならない。しかしながら、この探究の冒頭でただちにみてとったように、精神はそうしたロゴスを「情報」として原物質のなかに組み込むことはできなかった。なぜなら、そのためには安定性と分節化が必要だが、そのような情報の担い手となるには、カオスは安定性と分節化を欠いているからである。精神が生まれるための（たんに許容されるというだけではない）積極的な可能性として物質に根源的にともに与えられていると認めうるものといえば、せいぜい、先行きのみえないままにそちらへむかう宇宙生成の「エロス」がそれであった。その他のすべては質料内部のダイナミクスにゆだねざるをえなかった。だが、自然科学によって見出された、そしてまた今後も見出されうるだろう機械的でいかなる目的をもめざすものではないような因果性を別とすれば、世界のロゴスの計画を無計画なしかたで遂行するこのダイナミクスは、いったい何でありうるだろうか。事態がまったく別のもの、いわば対極にあるもの、つまり精神によって始まるということを考えてみよう。

一三　原精神の自己疎外としての世界の始まり。ヘーゲルの弁証法における真実と真実ではないこと

ここで、世界の生起を精神のこのうえない自己疎外によって始めさせ、まさにこのアンチテーゼから以後の生起の運動法則、すなわち精神が世界のうちにふたたび自己を獲得するという生成の原理をとりだした教説を思い出そう。ヘーゲルの普遍的弁証法がそれである。テーゼ、アンチテーゼ、ジュンテーゼ[82]をたえずくりかえしながら必然的にかつ力強く、理性の無謬の狡知によって前進し、ついには理性が自己自身に帰還して自由の王国の極みに達する弁証法である。弁証法ではそれを過程と呼んでいるが、その過程の第一歩、世界のドラマを創出する根源的な作用の第一幕[83]は、私たちがこれまで

宇宙生成に関する推測のなかでしだいにそちらに目をむけるように迫られつつあるまさにそのこと、すなわち、創造する精神は事物の元初のなかに自己をあますところなくゆだねてしまったということにほかならない。ところがその続きは——生成全般についてヘーゲルが描いた堂々たる展開によれば、その弁証法の歩みの一歩一歩が私たちにむかって進み、さらに私たちをつうじて完遂されてゆくというのであって、これは、過程全体はただひとつであり、しかもその過程全体について知的に理解できる法則性があるというまことにありがたい理念なのではあるけれども——私たち、つまり大きな世界劇場と小さな世界劇場——自然と歴史——をはるかにさめた目でみている観客にとっては否定せざるをえないものである。反証はいくらでもある。

きわめて表面的なことだが、たんに量の大きさだけをあげつらっても十分である。時空に広がる全体の巨大さを、したがってそのなかの人間の居場所の微小さをヘーゲルはまだあまりよく知らなかった。彼はほとんどまだコペルニクス以前の尺度でそれをみていた。すでにパスカルを震撼させたものの、しかしまだ漠然たる抽象的な「私を知らない空間の無限性[84]」は、それ以後、測量可能な距離と私たちにみることのできるものの大きさとがとてつもなくふくれあがっていったことで初めて直観にとって具体的なものとなり、それだけいっそう圧倒的なものとなってきた。それとともに、測定しうる過去——この地上に人間の生まれる以前、宇宙に生命の生まれる以前——も似たようなしかたでふくれあがってきた。精神がそのなかに——私たちのなかに——（私たちだけが知っているように）という最後に、ほんの芥子粒ほどの場所に出現したということは、あたり一面の夜のなかにぽつんと見捨てられた炎のゆらめきにもたとえられる。もし、精神がこの巨大な形成の目的だったのならば、（私たちの知るかぎり）達成されたものの量との不釣合いを目にして、ひとはむしろ、ほとんどむだになってしまった莫大な失費について語ろうとするだろうし、あるいはもう少し好意的にみれば、宇宙の偶然の戯れ、状況がかくもそろった仕合せについて語ろうとするだろう——理性が世界を貫いて進んでゆく堂々たる歩みについて語ろうとはするまい。そんなことは話にもならない。

しかし、この異論があまりに表面的にすぎ、量だけを問題にしていると思うひとは（量は質に変換するというまさにヘーゲルの公式[85]を当然ここに引き合いにだしてもよかろうが）、精神が世界を貫いて勝利の行進をしているかどうか、私たち自身というこのうえなく質的な証拠を、人間の歴史の功罪をどうぞ思い浮かべて考えてもらいたい。私たちのなかに——考えてみよ！——世界精神が誤りなく居合わせているというのだろうか。それとももうすでに、世界精神の真理の究極のかたちにまでたどりついているとか、世界精神がもともと定めていたことを賢明なる必然性によって完遂するにいたったとでもいうのだろうか。私たちはつねに誤りうるというのに、進んでそれたらんとするのであれ心ならずもそうなっているのであれ、みずから知っているのであれ知らないのであれ、世界精神の選ばれた執行者なのだろうか。冗談じゃない！　アウシュヴィッツという恥辱は、全能の摂理や弁証法的で賢明なる必然性のせいにするわけにはいかない。たとえば、幸福に通じるためにアンチテーゼやジユンテーゼとして要請され、促された一歩であるというわけではけっしてない。私たち人間が、神的なもののなした仕事をつかさどる無能な管理者として、そのことを神的なものにむかってやってのけたのである。[86] ことは依然として私たちのうえにとどまっている。私たちは自分たちのゆがんでしまった顔、いやそれどころか神の顔からこの恥辱をぬぐいさって元に戻さなくてはならない。ここに理性の狡知をもちだすことはできない。

一四　成功を説くどの形而上学も弱点をもっている。創造における神の敢為を看過していることである。

したがって、簡潔にいえば、アリストテレスの目的論に替わるこの唯一の天才的な選択肢であるヘーゲルの弁証法も採ることはできない。当然、もっと小粒の継承者たち、たとえば、万有が精神化を漸進的に進めていって汎精神的な終局にいたるというテイヤール・ド・シャルダン[87]などについてはなおさらである。思弁的理性によるこうした作りごとのいずれについても、共通の（認識論的形式的ではない）実質的な異論が唱えられる。すなわち、思弁的理性によるこうした作りごとが私たちに物語っているのは、存在についてのけっして誤るはずはないと保証されたサクセス・ストーリーであるという異論である。私には、私が思想史から知った偉大な形而上学のどれもが、こうした成功物語、存在するものへの賛美であるように思われる。スピノザの神即自然のような静態的で永遠の完全性という意味であれ、ストア派[88]の世界ロゴスであれ、アリストテレスの不動の動者によって永遠に目的論的に動かされる宇宙であれ、そうである。終末論的で完全主義のダイナミクスでもそうである。まさにヘーゲルの理論はそれだった――ヘーゲルはこのダイナミックな見方によって生成を選び、なにはともあれ、形而上学者のなかではみずから近代の形而上学者たることを示した。その点では、彼はライプニッツやホワイトヘッドのような過程について思索した近現代の他の論者と似ている。私たちがみてみぬふりをゆるされない宇宙にみられる所見と人間にみられる所見とは、度量は広いが楽天主義的なこれらすべての作りごとにたいしてその鼻面に一撃をくらわす。したがって形而上学が、「みよ、これはよい[89]」といっておさまろうとする誘惑に抗い、生や精神が存在の自然本性にたいして記した証拠を軽視しないようにするなら、形而上学は、世界がたどる冒険は先がみえず、無計画で、偶然的で、計算もできない、きわめて危ういものであるということを受け容れなくてはならない。簡潔にいえば、それはすさまじいまでの敢為である。第一の根拠が——そのとき精神はそこに居合わせていた——創造によってあえてそれをしてのけたのである。ここから、何年もまえに、私の宇宙生成論の試みは始まった。それが「アウシュヴィッツ」の名と結びついているのは偶然ではない（というのも、アウシュヴィッツは私にとって神学的なできごとでもあったからだ）。[11] 私の試みは、私がはねつけなくてはならなかったあらゆる試みに劣らず、作りごとではある。しかしひょっとすると、その試みは、私たちが今目にすることのできる、また、目にせざるをえない世界にみられる所見にいささかかなったものであるかもしれない。それについて、これからいささか言を費やそう。

原註（11）“Unsterblichkeit und heutige Existenz” in: H. Jonas, *Zwischen Nichts und Ewigkeit*, Göttingen 1963, 1987: Vandenhoeck & Ruprecht, S. 44-62（邦訳『生命の哲学』第一二章）[90] と、本書第一章「アウシュヴィッツ以後の神概念」をみよ。

一五　宇宙生成論的推測の代案。神は宇宙が自律するように、宇宙に機会を与えるために力を放棄した。

(a)　最初にいうことは、意気揚々たる理性の預言者たちが認めようとするよりも、精神が元初において行なった自己放棄ははるかに真剣だったということである。精神は、その外部に爆発したものの衝動と、したがってまた、空間と時間の条件のもとにそこに含まれている可能性の機会とに、自己と自己の運命とをすっかりまるごとゆだねたのであった。なぜ、精神がそうしたのかは知りえない。推測がゆるされるとすれば、そうなったわけは、精神が自分自身の多様な可能性をとおして自分自身を経験することができるのは、ひとえに有限なものの無限の戯れのなかで、くみつくせない偶然のなかで、計画されていなかったものの不意打ちのなかで、かつまた、死の起こりうる恐れのなかでのみだからであり、神的なるものもそうなることを望んだからであろう。そのために神的なものは自分の力を放棄しなくてはならなかった。いずれにしても、それ以後、事態は超越的なものの介入なしにただ内在的に進んでいった。創造されたものは自分自身のなかからアンチテーゼを作り出す力をもっておらず、しだいしだいに変容していき、また、変容を蓄積しながら、空間と時間とを貫く長い行路に踏み出すほかなかった。おのずと形成され整理されていった自然法則と自然法則下での偶然と被造物内部にある資力のもとで、被造物がなしうるのは、そのような漸進的変容と変容の蓄積だけだった。

(b)　このようにみると、第二に、息をのむほどの量的な差——死せる宇宙の巨大さとそのなかにある生と精神との微小さとのあいだの量的関係——を根拠にして精神（したがって私たち自身）の重要性を否定する論証は、むしろ、一転して次の事態を説明するものとなる。すなわち、神的な力の介入なしに、ひたすら蓋然性の支配にゆだねられたなかで、精神がいつかどこかに現われる機会を提供できるのは、空間時間的に巨大な宇宙のみである。そして、このことと精神が有限性のなかで自己をためすこととが創造主の意図であったならば、創造主はまさに巨大な宇宙を作り出すほかなかったし、そのなかで有限なるものたちに自分自身の進行をまかせるほかなかったわけである。

(c) さて、精神はただ有機体の生からのみ立ち上がることができ、それに担われてのみ存在することができるのだから、第三に、先に述べた点を修正しなくてはならない。先にこう述べた。動物の心の感受はまだまったく質料に内在しているのにたいして、精神の思惟ばかりが超越的で、創造のための第一原因としての精神によってのみ説明されうる、と。しかしだからといって、思惟と感受とはまったく異質ではありえない。最もぼんやりした感受と最も明快な思惟とに共通するものがひとつある。主観性がそれである。だから、内面性が登場し、動物において発達していった全過程は、精神に通じる線路をしいたものとみなすことができる。したがって、創造主が精神を望むのであれば、創造の原根拠は生命もまた望まなくてはならなかった。このことは、ちょうど、私たちユダヤ人がしばしば祈禱のなかで唱えている「生を喜ぶ神」(chafēz bachajim)[91] という神にたいする美しい形容のなかに示されているとおりである。すなわち神は、生を望む神――たんに「生きている神」であるだけではなく、「生を望む神」――でもある。生はそれ自身として望まれるとともに、心を介して精神を育む揺籃としても望まれるのである。

(d) こうして私たちは、第四に、私たち自身、つまり精神の担い手として私たちに知られているもの、思惟しつつ認識し、それにしたがって世界のなかで意志の自由をもって行動する者――認識の光のもとでますます力を増してゆく行動をする者へとたどりつく。精神が原根拠によって生成の嵐のまっただなかで望まれた一方、他方で、それを望んだ原精神は有限な精神の有する自己をあらかじめ摘みとってしまわないために力を断念した。この二つが結びついた宇宙論的所見によって私たちにつきつけられた宇宙生成論の仮説から、次の結論がひきだされる。すなわち、神的な冒険の運命は私たちの移り気な手のうちに、つまりどう形容するにしても万有のなかのこの地上の片隅にゆだねられており、それに応える責任が私たちの肩にかかっているという結論である。神的なるものはまことに自分がなしたことについて不安になっているにちがいない。創造の意図を無にしてしまうこともまた、私たちの手中にあることは疑いえない。それはまさに私たちによって創造の意図が一見勝利したかにみえるところで起こるのかもしれないし、ひょっとすると私たちはそうなるように力を尽くして励んでいるのかもしれない。なぜ、私たちはそうしてはいけないのか。なぜ、動物と同様に、私たちにできることすべてを私たちはしてはいけないのか。自分たちを破滅させることも含めて。存在が私たちにむかってそうしてはいけないと告げるからか。しかし周知のように、現代のあらゆる論理学と哲学とが教えるように、存在はしてもよいかいけないかについてはなにも語らない。「である」から「べし」はひきだせない[92]。よろしい、「である」が問題である。ひとはそれをみるにちがいなく、聞くにちがいない。私たちがみるもののなかには、生という証拠、精神という証拠が含まれている――自然には価値や目的はないという教えには反する証拠ではあれ。私たちが聞くものは、みられた善きものからの呼びかけであり、そのなかに内在する実在への要求である。[93] 私たちがみたり、聞いたりできるからには、私たちは承認せよとの命令に呼びかけられる者となり、したがって命令に応える義務の主体となる。

この義務はつねにあったが、技術を介して人間の力がこの地上の生き物の住処全体にとって危険なものとなるまでに成長したことで、焦眉の具体的な義務となっている。このことは所見に、しかも現在最もありふれた、見たり聞いたりすることのできる「である」に属している。それは私たちにこう告げている。すなわち、私たちは今や私たちによって脅かされつつある世界のなかの神的なことがらを私たちの手から守らなくてはならない。私たちにたいしてそれ自身では無力な神的なるもの[94]を助けなくてはならない、と。これは知の力をもつゆえの義務であり――宇宙的義務である。というのも、私たちが私たちの手で挫折させてしまうことができ、私たちのなかで台無しにしてしまうことのできるものは、宇宙規模でなされた実験にほかならないからだ。

一六　私たちが神を助けなくてはならないということ。エティ・ヒレスムの証言

神は私たちを助けることができず、私たちが神を助けなくてはならないというのは、いかなる信仰論からしてもまことに異端的な見解だが、私はアウシュヴィッツというできごとをとおして――実際にそこに居合わせなかったからというのでそれについて安んじて思弁をめぐらすようなより安穏な港を後にして――そこに突き進まざるをえなかった。この見解は、現実に存在していた証人の自分の命

をかけた告白であるときに初めていっそう力をもつだろう。私はその告白についてはるかのちに聞き知った。その告白のことばはエティ・ヒレスムが遺した日記のなかにある[95]。ヒレスムはオランダ系の若いユダヤ人女性だった。一九四二年に、ヒレスムは自分の民族を助け、その運命を分かち合うために、ウェステルボルクの収容所にみずから進んで入所した[96]。一九四三年に彼女はアウシュヴィッツでガスによって殺された。

「……神が命じるところなら、私はこの地上のどんな場所にも行く。私はどんな状況でも、死にいたるまでこう証言する用意がある……すべてがこのようになったのは、神の罪ではない。私たちの罪である、と」。

「……神が私をこれ以上助けないなら、私が神を助けなくてはならない。……私は神をできるかぎり助けるようにいつも努めよう」。

「神よ、あなたが私をお見捨てにならないように、私はあなたを助けましょう。でも、私はあらかじめ何も保証することができないのです。ただひとつこのことだけが私にはますますはっきりしてきました。あなたは私たちを助けることができず、私たちがあなたを助けなくてはならないということです。そうすることで、私たちはついには私たち自身を助けることになりましょう。肝心なのはただひとつのことです。私たちのなかにあるあなたの一部を救うこと、神よ。……ええ、神様、あなたにしても、この状況の多くを変えることはできないようにみえます。……私はあなたから説明を求めません。あとになって、あなたは私たちに説明を求めるでしょう。ほとんど心臓が脈打つたびに私にますますはっきりしてくるのは、あなたは私たちを助けることができず、私たちがあなたを助けなくてはならないということ、私たちの内にあるあなたの住処を最後の最後まで守らなくてはならないということです[12]」。

原註（12） *Das denkende Herz. Die Tagebücher von Etty Hillesum* 1941-1943. Freiburg/Heidelberg. 1983: F.H. Kerle; Reinbek 1985: Rowohlt Taschenbuch 5575, S. 141-149. 移送のまえに個人の手にゆだねられたこの記録がオランダで初めて公刊されるまでに、ほぼ四〇年がたたなくてはならなかった。

私がこの引用で終えることはゆるされない。哲学的論議が（たとえ告白を記すものであれ）できるかぎり哲学的論議であろうとするなら、読者の心情をかきたてて終わりにすることはゆるされない。私自身の手でしめくくりをつけることがゆるされるなら、今もちだしたことはそれとは独立のものである。

そこでもう二つの問いにふれることをおゆるし願いたい。それらはさめた扱いができ、それどころか――めったにない長所だが――合理的な洞察によって答えられる。すなわち、私がここで行ない、想定上の読者に要求したような考察は、哲学としてゆるされるのかという問いである。もうひとつの問いは、世界のなかに私たちとは別の知的生命があるかどうかという、今日、多くのひとの心を動かしている問題はどれほど重要なのかという問いである。

一七　哲学は思弁的であってよいか

第一の問い。私はこれまで進めてきたなかでずっと、明らかに、今日の哲学からすると有無をいわさず聖務停止処分[97]を下されるような二つのことに背いてきた。その二つのことは、近代の思惟のそれなりに長い歴史をとおしてほとんど信仰箇条ともいうべき地位を要求してきたものである。すなわち、証明できないことに手を染めるべきではないということと、(その特殊な例として) 論理的には存在から当為へ、事実から価値へ通じる道はないということである。簡潔にいえば、形而上学を禁じるドグマ、価値はたんに主観的なものにすぎず、それゆえその拘束力は個々の主観にのみ通用し、それゆえ倫理もたんに主観的なものにすぎないというドグマである。この点でほとんど全員が一致していることに驚いてはならない。そこには、自然科学の成功を目にして、自然科学を模倣したいという哲学の屈服が反映している。実際、物質主義的な自然科学が成功したのは、自然科学の対象を定義するにあたって、自然研究者が使えるように、存在にみられる所見を削除したお子様むけ (ad usum Delphini) の定義を用い、ほかのことはしようとしなかったという事情のおかげである。すなわち、目的、感覚される質、主観性がそこから切り捨てられている。空間と時間のなかで量的に測定できるものに還元されている。存在論的には、これは虚構である。方法論的には、収穫できた知が示すとおり、多大な利点である。デカルトの後継者たちの哲学は、哲学の対象を同じように、いわば相補的なしかたで削除することでこれに応えた。すなわち、純粋意識という胴体だけの自我、主観的観念論、とくにドイツの哲学者たちに際立つ超越論的な観念論がそれである。フッサール[98]の純粋意識は、たしかに「生活世界」について語ることを知っているが、しかし生活世界はたんに純粋自我「にとっての」所与であり、純粋自我のなかで構成され、いやそれどころか純粋自我によって構築すらされる。[99] 純粋自我は生活世界の一部ではなく、それに依存しつつそのなかに編みこまれているわけではない。したがって、身体もまた体験された身体としてのみ、たんに「現象」としてのみ存在し、現実的ではない。

このような人為的な削除は役に立つし、それによって可能となった分科した学科が分割されたそれぞれの領域において収穫を得ることで正当化される。しかし、それぞれの学科が各自の立場に凝り固まれば、方法が事象に、部分が全体におきかえられてしまう。その立場を導く虚構を享受するはずの者が虚構の犠牲となる。批判者のなかから独断論者が生まれる。反形而上学者のなかから心ならずも形而上学者が生まれる。この点で自然科学者は非難できない。彼らはそのままその仕事に従事すべきである。ただ物理学者だけはその物理学から形而上学を作り出さないように、すなわち物理学者に認識される現実を現実全体だと唱えないように気をつけなくてはならない。[100] 私が知り合いとなることができた物理学者たちは、私のみるところ、こうした誘惑とは無縁である。ところが、哲学者であれ素朴なひとたちであれ、物理学者を賞賛する観衆たちのあいだには、こうした誘惑が広がっている。いずれにしても、全体について熟考するのが哲学の仕事である。しかしながらその哲学が、精確な科学によっておじけづいてしまい、（デカルトとともに）「確実性」を知の主たる特徴に掲げ、哲学の高貴な、とはいえ精確ではない使命をあきらめて、全体の半分のなかに専門科学でございというふうに立てこもっている。認識論、論理学、意味論といったテーマが法外に（おかしなことに、それだけがゆるされていることであるかのように）[101]高く評価されていることでも、それがわかるだろう——まるで、第一に重要なことは、人間がどのように理解するかであって、人間は何を理解できるかということではないかのようだ。しかも、仕事の分業によってこの「何」を究極的に決定することはできない。畢竟、もろもろの部分は全体のなかに属しており、ただひとつの世界の公式のもとにもたらされなくてはならない。「純粋な自然」、「純粋意識」、唯物論、観念論は、さらには二元論すらも、役に立つ虚構であった。それらの防風装置のなかで重大な洞察が獲得されたし、これからもそうであろう。しかし、一度は深い水のなかにあえて飛び込み、自由に泳いでみなくてはならない。安全第一では、もちろん、そこに進むことはできない。（しばしば耳にするように）そこで出会う「究極の問い」はなんら証明可能な答えを望めないのでそれゆえ無意味であるといわれても、しかし、そういう物言いをまじめにうけとることはできない。究極の問いはどんな思惟のなかにも潜んでいるのであり、みずから不可知論を表明しているひとでさえその不可知論のなかに隠れている形而上学によって究極の問いに答えているのである。

当然、世界の謎の尻尾を追いかけてまたしても不十分な回答をつけくわえるいかなる試みも、恥をさらす結果に終わるほかない。けれども、恥をさらすようなこうした試みに、たえず新たに、そのつど別の、それぞれ独特なしかたで、あえて挑むひとが出てくるに決まっている。少なくとも、その試みには立派なお仲間がいるという慰めで少しは気が休まるだろう——それどころか最もよくいえば、永遠の哲学に仲間入りするわけである。もっとも、私の乏しい能力で企てた試みを永遠の哲学のなかに数え入れることは私には思い上がりと思われる。この試みにたいしていささかつつましくあらねばならない。私には、プラトンからスピノザ、ライプニッツ、ヘーゲル等々にいたるまでのあの偉大な人びとがみな目端のきかない愚か者だったとも、ウィーン学団[102]のおかげで私たちは初めて賢く利口になったとも思えないだけのことである。あれらの偉大な人びとは全体にむけた思弁的な問いをあえて試みた。そのために批判されるのではなくて、永遠に感謝されるに値する。私たちの批判は、彼らの出した回答が後世の私たちが存在にみる所見のまえでどんなふうに維持されるかということを吟味したにほかならない。しかしまた、先の問いを学ぶためには、私たちはこれらの人びとの教えに入り込み、その教えをくぐりぬけ、彼らの勝利と失敗とによってみずから学ばなくてはならない。私がここで試みたことがそもそもゆるされるかどうかという問いについては、これくらいにしておこう。

一八　まだ別の場所に知的な生命が存在しているかどうかを知ることはどれほど重要か

世界全体のなかのまだ別の場所に知的な存在が私たちのほかにいるかどうかを知ることはどれほど重要かという二番目の、それ自体は無邪気な問いに答えるのは、はるかにかんたんである。

好奇心からすると、この問題は当然大いに関心をもたれるところである。とりわけ、存在しているという答えが検証されたなら、私たちが世界にたいして抱く感情に影響しないはずがない。私たちと似たものが「外に」いると知ったなら、たとえば、私たちが宇宙にみることのできる所見のうち人間に関する部分が増大し、したがって、その所見に支えられた宇宙生成に関する推測もまた私たちにとって説得力を増すことになるだろう。存在しないという答えは、その本性からして検証できないから（というのも、検証するためには、考察されるすべての天体について調べつくさなくてはならないだろうから）、存在するという知らせがあとから来るかもしれないというかたちにとどまる。したがって、それを知ることの重要性に関する問いともども、わからないとしかいいようがない。私たちの太陽系には存在しないということを私たちは知っているが、だからといって、全体に存在しないとはいえない。クリスティアン・モルゲンシュテルン[103]同様に「時間も数もたっぷりある」といえよう。つまり、等質の宇宙全体というまったく巨額の数値――銀河の数、恒星の数、茫々たる時間経過――をもつ代物から、知的な生命がほかにも、しかも私たちと同時代に存在している統計上の確率について、宇宙の偶然のなかで信憑するに足るところを算出することもできる。（たとえば、天文学者カール・セーガン[104]は、私たちの銀河系だけをとってみても、文明が進歩した確率にかなり高い数値を出している）。けれども、この話は、私にとって権威のある数学者が教えるところでは、私たちの知識が足りないためにもろもろの条件を計算するにも未知の要因が多すぎてまったくあてにならず、個々人の欲求や気質によって左右される主観的な信憑にとどまるそうである。他の知的生命が存在しうるといっても、それはありえないことではないというにひとしい。私たちが唯一知っていることは、私たちがここに存在しているということである。（宇宙全体とはいわないまでも）地上の生命の過去に比べれば、それもまだ長くはたっていない。どこかに私たちと精神面で似ている生命が現存していると聞き知ったり、それについてより多く知ったりしたところで、理論上はともかく、実存的な意味で何かちがいが出てくるだろうか。私の答えでは、「全然ない」。

(a) 実際上のちがいはたしかにない。私たちと隣り合わせた銀河系にむけてたったひとつの信号の交換(「呼びかけと応答」)をするにはうまくいっても数十年かかり、しかしそれ以上に確率が高い話では数百年、数世紀かかるのを見込まなくてはならないというのでは、ほんとうのコミュニケーション、会話は不可能である。たんに呼びかけた側がとうに亡くなっているというだけでなく、伝達内容や問いもとうに古くさくなってしまうだろう。そのうえ、そもそも信号でコンタクトをとるということ自体、私たちの文明が西洋の歴史的偶然によって何世紀にもわたる人間の高度の文化ののちに初めてできあがったのと同じように、少なくとも相当に進歩した技術をもつ文明を相手とするときにかぎられるだろう。この重荷は確率を示す秤の針をますます押し下げる。いずれにしても、往復のあいだにも地上での仕事は進むだろう。答えをもらった後の世代は、その答えを宇宙雑録の記録にとどめるだろう。

(b) 他の知的生命が存在すれば、宇宙のなかにたったひとりいるという孤独の感情が消え去るだろうか。そう感じると主張するひとと、私は争うことはできない。けれども、そのひとがそう感じるようになるという判断は、私には下しがたい。この地球上に四〇億(あるいはじきに五〇億)のホモサピエンスの一族がともに住んでいるのだから、それで私には十分、世界のなかにひとりぼっちだという感情をもたないですんでいる。しかも、類は感情をもちうる主体ではない。いずれにしても、前述の「感情」は、宇宙的な広がりをもつ抽象的な理論によって作り出された抽象的な感情である。はるかかなたに私たちと似た者が存在しているが、先に述べたように、私たちがそれと交流することはできないという場合に、暗号を解読する知識をもてたとしても、抽象的なのと同様であろう。私たちが交流できるのは私たち同士だけである。それをしも孤独というならば、その孤独は依然として続くだろう。

(c)　けれども、宇宙のなかに感受能力に恵まれた知性が私たちのほかにひょっとすると発見されるかもしれないとすれば、バートランド・ラッセル[105]がたいへん感動的に——なかば嘆くがごとく、なかば勇ましく——叙述している、私たちは努力、選択、評価によって、無関心で没価値の、それどころか生に敵対する万有と対決しているというあの意識が、ひょっとすると変わるのかもしれないではないか。いや、何も変わるまい。無関心な宇宙の像を描き出す一方で、私たちの関心を動かし、私たちが価値を見出すような存在をいずれにしても宇宙こそが宇宙自身のなかから出現せしめたものであるという点を無視できたようなひとなら、あいもかわらぬ無感情な万有のなかに、感受し意欲をもった別の集団が島のように浮かんでいたところで、やはり以前と同じように考えるだろう。そのとき、別の集団のほうでも私たちと同様、任意にみずから見出した価値の虚構にもとづいて関心をもち、勇ましく反抗的に存立しているのは宇宙のなかで自分たちだけだという孤独な運命をもつだろう。ただ人間にみられる所見を別様に読みとり、そこから宇宙論的な結論を引き出すひとだけが、自分たち以外の実例があることで自分の出した結論をますます強めることができるのである。ひとつの実例からその結論をひきだせないひとは、他の実例をみても、宇宙論的な結論のための根拠をみてとらず、同じニヒリスティックな状況がほかにも島のように浮かんでいるだけだとみてとるだろう。

(d) しかしながら、問題の中心と結論に進もう。すなわち、私たち以外の知的生命が宇宙に存在することを知ったなら、道徳面において何かちがいが出てくるのだろうか。私たちの責任について何か変わるのだろうか。私たちがあの重大な仕事をこの地上でやりそこなったとしても、その仕事はほかのところでもっと優れた手によって続けられるのだというので、ひょっとして、私たちは自分自身を慰めることができるようになるのだろうか。この仕事は私たちの肩だけにかかっているわけではないということになるのだろうか。だから、この仕事の私たちに関する部分についてはもっとやりたい放題にやってのけてもよいのだということになるのだろうか。とんでもない！　私たちが支配しているこの地上における精神の運命にたいしては、つまり私たちの力の及ぶただひとつの管轄地域にたいしては、ひとり私たちのみが責任をもっているのである——仮定上の知的存在者がその管轄地域にたいして責任をもつように。どちらも他方の責任を軽減することはできない。どちらも他方を助けることもできない。彼らは私たちを、私たちは彼らを助けられない。この意味で、私たちは私たちきりである！　私たちによって、私たちのうちに、万有のこの部分において、破滅を招きかねない私たちの力をふるっているこの瞬間において、神の始めた仕事は天秤のうえでうちふるえている。私たちはそのことを知っている。同じ仕事がどこかほかのところで栄えようが、脅かされようが、救われようが、だめになろうが、それが私たちにとって何だというのか。いつか万有のどこかで受けとられるだろう私たちからの信号が死亡通知にならないようにするために、私たちは手を尽くさなくてはならない。

私たちの地球の世話をしよう。よそで何が起ころうとも、私たちの運命はこの地上で決せられる。私たちの運命とともに、この場所に結びつけられたかぎりでの創造の敢為が私たちの手のなかに陥っている。私たちはそれを世話することも、裏切ることもできるのだ。それゆえ、あたかも万有のなかに、実際、私たちだけしかいないかのように、私たちは私たちの運命とこの地上における創造の敢為のことを気づかおう。

訳註

*引用文献については、本書二一七頁以下を参照。

第一章　アウシュヴィッツ以後の神概念――ユダヤの声

[1]　この賞　レオポルド・ルーカス博士賞をさしている。この賞については、本書解題を参照されたい。

[2]　ラビ　ユダヤ教の聖職者。

[3]　レオポルド・ルーカス　Leopold Lucas (1872-1943). ユダヤ教学者でラビ。マールブルクで生まれ、ベルリン大学とテュービンゲン大学でユダヤ教学、古典語、哲学、歴史学を学び、テュービンゲン大学で論文「都市ティルスの十字軍時代の歴史」によって哲学博士を取得した。一八九九年にポーランド南西部シロンスク（ドイツ語ではシュレイージエン）地方の古都グウォグフ（ドイツ語ではグローガウ。一一世紀からユダヤ人が居住していた）に赴任し、以後四〇年間、ラビとして勤めるかたわら、ローマ帝国におけるユダヤ教とキリスト教との関係、教皇とユダヤ社会との関係、ヨーロッパ諸国家におけるユダヤ人の法的地位などについて研究をつづけた。ユダヤ学高等学院（Hochschule für die Wissenschaft des Judentums. 宗教上の教義とは独立にユダヤ思想・文化について学問的に研究し教育する機関で、アブラハム・ガイガーらによって一八七二年にベルリンに設立された）でユダヤ教史を教えるために一九四〇年にベルリンに招聘されたが、当時の情勢からこの教授活動はたちどころに弾圧され、同校は四二年に破壊され、ルーカスも四二年に夫人とともにテレージエンシュタットの強制収容所に送られた。同じ収容所に送られた人びとの証言では、そこで死ぬまでユダヤ教徒の導き

にあたっていたといわれる。

[4] テレージエンシュタット　Theresienstadt.　ボヘミア（チェコの西部。チェコ語ではチェヒ。ドイツ語ではベーメン）北部の都市。チェコ語ではテレジーン。一七八〇年の要塞構築にさかのぼる歴史をもち、町の名はオーストリア大公でボヘミア女王のマリア・テレジア（Maria Theresia 1717-1780）にちなむ。一九四一年一一月に強制収容所が設置された。当初はボヘミアとモラヴィア（チェコの西部。チェコ語ではモラバ。ドイツ語ではメーレン）のユダヤ人の収容にあてられていた。翌年から、六五歳以上のユダヤ人の収容所にあてられ、また外国の批判をかわすために、「特権ある人びとのための施設」と称して、ユダヤ人入植地の手本のように喧伝された。だが、実際には、西ヨーロッパと中部ヨーロッパから移送されてきたユダヤ人を絶滅収容所に送るための集合地点ないし通過地点として機能していた。一九四五年四月までに、およそ一四万一千人がここに連行され、生存者はそのうち一万九千人だったという。なお、戦後、強制収容所の施設は、ズデーテン（チェコ北部）から追放されたドイツ人を隔離するために使われた。

[5] この賞の創設者　フランツ・D・ルーカス（Franz D. Lucas 1921-1998）。実業家、歴史家でテュービンゲン大学の名誉評議員。父レオポルド・ルーカスの生誕百年を記念して、一九七二年にレオポルド・ルーカス博士賞を創設した。

[6] アウシュヴィッツ　Auschwitz.　ポーランド南部の都市。ポーランド語ではオシフィエンチム。一九四〇年にこの地に強制収容所が設置され、翌年、三九の外部施設、隣接施設をともなう三つの主収容所（シュタムラガー、ビルケナウ、モノヴィッツ）が設置された。一九四二年二月から一九四四年一一月まで、ガス室でチクロンBを用いた殺害がつづき、ソ連軍が一九四五年一月二七日に解放するまでに、殺された人びと、衰弱死、病死したひとの数は、およそ一六〇万人にのぼるといわれている。その大部分はユダヤ人で、そのほかロマ、シンチ、ポーランド人、ロシア人なども含まれていた。

[7] 私の母　ローザ・ヨーナス（Rosa Jonas 1875-1942）。ヨーナスの母の死の経緯については本書「ハンス・ヨ

ーナスの生涯」を参照。

ヨーナスは母の性格についてこう回想している。第一次世界大戦が勃発したとき、教養ある中流階級の家庭では、愛国心が高揚した。ユダヤ人の中流家庭もその例外ではなく、むしろかえってユダヤ人であるだけに愛国心を示すことに積極的であり、志願兵も多く出た。だが、「一九一四年以後、祖国愛の高揚した気分が私たちをとらえていたのにたいして、優しい性質だった母だけが、戦争につきものの、誰であれ命を落とし、傷つき、不具になることを悲しんだ。理屈立った、根本原理となるような平和主義からではなくて、たんに同情から、あふれでる人間性から『恐ろしい、恐ろしい！』というばかりだった。もちろん、母もまたドイツ軍の勝利を願っていたのだが、同時に、そもそも戦争があること自体を悲しんでいたのだった」(E:32)。

母の容貌について、ヨーナスはこう語っている。「母はほっそりとしていて、私の知るかぎり、少女のような体型のままだった。足取りはやさしく魅力的で、顔は細長く、鼻はつきでていた——それは彼女にとって煩いの種となった。というのも、ドイツ社会への同化と反ユダヤ主義の時代には、大きな鼻は重荷となったからである。なぜなら、少なくとも主観的には、大きな鼻はユダヤ人を象徴していると思われていたからである。しかし、母の横顔は美しかった。豊かな市民の家によくある装飾品として、古典的な、アラバスターの胸像が家にあった。ひょっとすると、古典的な横顔をもったディアナの頭部のコピーだったかもしれない。私はそれをずっと、子どもの目にはそうみえたのだが、母の横顔だ、自分の母親の大理石像だと思い込んでいた」(E:39-40)。

［8］ 霊たち　原語は Schatten. 直訳すれば「影」であり、また、「亡霊」と訳すこともできることばである。いずれにしても、アウシュヴィッツで殺された人びとをさすわけだが、すぐ直後に「長くこだまする叫び」とあるように、その声は、私たちに聴きとられるべく、まだ続いているわけである。したがって、「亡くなった人びと」とせずに、現に存在するかのように「霊たち」と訳した。同じ表現は本章第六段落、原註（1）のついている箇所にもう一度出てくる。

私見をつけくわえれば、強制収容所跡を訪れたとき、今でも、亡くなった人びとの影がそこに揺曳しているような感覚を覚えた。あるいは、それは強制収容所を訪れるひとがだれしも感じることかもしれない。もし、それが正しければ、「アウシュヴィッツの影たち」という直訳もヨーナスの表象を伝えうる訳語だろう。

［9］ それが哲学者にふさわしいか、その点はおいておきましょう　のちにくわしく語られるように、神について直接の論証を行なうことはカントによって人間理性のなしうる範囲を超えているとして否定されており、したがって、ヨーナスがこれから行なうのは論証ではなく推測、ミュートスである。そのために、ヨーナスはこの講演のなかでこれから自分がすることにこういう留保をつけたわけである。

ヨーナスはこの講演をするにあたって、妻のローレが示した反応にふれてこう記している。「私がアウシュヴィッツというテーマを講演の題目として選んだとき、それはローレにとって気味の悪いところがあった。なぜなら、彼女は、このテーマについて熟考することは私的にはゆるされても、公の場ではゆるされないと考えていたからだ。しかもそれは実際哲学者のすることではなかった。それゆえ、私は講演のなかで、この論題が哲学者にふさわしいかどうかという問いをおいておくようにしたのだった」（E:344）。

［10］ イマヌエル・カント　Immanuel Kant（1724-1804）. ドイツの哲学者。『純粋理性批判』の弁証論のなかで、神の存在の本体論的証明、宇宙論的証明、自然神学的証明のいずれも経験に立脚しない推論ゆえに証明たりえない点を指摘した。

［11］ 論理実証主義　ウィーン学団（第三章の訳註［102］）が展開した思想。経験によって検証されうるもののみが認識と呼ばれるべきであり、認識は命題によって表わされる。命題とは、それが真か偽かのいずれかに決定できる方法が規定されているもとで成立する。神の存在については経験的に検証する方法がないゆえに、神について語られたことは命題のかたち（「Sはpである」、例「神は万有の原因である」）をとっているようにみえても、実際には命題ではなく、それゆえ学問的認識を形成しない。

［12］ ヨブ　旧約聖書の諸書に含まれるヨブ記の主人公。神を畏れる義人として神に祝福されていたが、人間の

行状を調べるサタンによって、ヨブの信仰は神のためではなくヨブ自身の幸福を求めてのことではないかと疑われる。神の許しを得たサタンはヨブの子どもたちと全財産を奪い、ヨブ自身も重い皮膚病によって苦しめる。その結果、ヨブは義人がなぜ苦しまなくてはならないのかと神に問いかける。ついに神はヨブに答えて、世界が神の創造であり、ヨブも世界の一部として神に創造され、愛されている存在であると示す。それによってヨブは問いを撤回し、悔い改める。神はヨブに新たな子孫と旧に倍する財産をもって祝福する。

［13］　神義論　Theodizee.　ギリシア語の神（theos）と正義（dike）を結びつけて、ライプニッツ（Gottfried Wilhelm von Leibniz 1646-1716）が作った造語。弁神論ともいう。ライプニッツはその著『神の善性、人間の自由、悪の起源についての神義試論』（一七一〇年）のなかで、善にして全能なる神が創造したこの世界に、なぜ、悪が存在するのかという問題を探究し、悪を人間に帰し、神の責任ではないことを論じた。

［14］　聖書　ヨーナスが「聖書」（ドイツ語で *Bibel*）というときは、当然、ユダヤ教徒にとっての聖書、つまりプロテスタントが旧約聖書と呼ぶものをさす（ローマ・カトリックの旧約聖書はさらにプロテスタントが外典とみなす文献を含んでいる）。本章の後の箇所に「ヘブライの聖書」と語る箇所があるが、それも同じものをさしている。したがって、新約聖書（*das Neue Testament*）は本書に言及される「聖書」のなかには含まれない。象徴的に聞こえる表現だが、ヨーナスはときにキリスト教徒と対照して、「私たちの聖書」と呼んでいる。ただし、本書「ハンス・ヨーナスの生涯」にあるように、ヨーナスはマールブルク大学で、プロテスタント神学者で聖書学者のブルトマン（Rudolf Karl Bultmann 1884-1976）の指導を受け、新約聖書についても造詣が深い。彼の最初の著書は自由を主題としてパウロとアウグスティヌスを論じたものだった（第三章訳註［25］［53］参照）。

［15］　マカベア家　紀元前二––一世紀にエルサレムを中心に成立したユダヤ人の王朝。ユダヤ人にヘレニズム化を強制しようとしたセレウコス朝シリアのアンチオコス四世エピファネスに反抗して、紀元前一六八年以後、ユダヤ人の蜂起を指揮したマッタティアスを祖とする。シリアからの独立をめざしたこの戦争をマカベア戦争

と呼び、紀元前一四一年に終結し、ユダヤ人の政治的独立が回復した。

［16］「聞け、イスラエル（Sch'ma Jisrael）」　「聞け、イスラエル。主はわれらの神、主はただ一なり」（申命記六章四節）。そのあとに「彼の御名に誉れあれ。彼の栄光の王国はとこしえからとこしえまで」という語句を挿入し、以下、申命記六章五―九節までをその第一節とし、申命記一一章一三―二一節が第二節として続き、民数記一五章三七―四一節を第三節として結ぶ。シナゴーグでは、朝の祈りと夕べの祈りに唱えられる。ラビの教えでは、毎朝毎晩、起き伏しにおいて唱えるべきことばでもある。詩句の解釈は多々ある。呼びかけられているイスラエルは、イスラエル人仲間であるとも、唱えている本人自身の魂とも、イスラエルの名をもつ父祖ヤコブとも、さまざまな解釈がある。また、「主は一なり」の「一」は、当然、多神論を否定する宣言であるが、被造物とは比較できない神の特殊性を意味するという解釈もある。冒頭部分は声を出して唱えられたが、あとにつづく「彼の御名に誉れあれ。彼の栄光の王国はとこしえからとこしえまで」の部分は、ローマ時代には、小声で唱えられたという。というのも、自分はローマ皇帝を王としないという意味にとられるからである。

ヨーナスはこのことばについてこう語っている。「『聞け、イスラエル』は、私にとってつねに魔術的な力をもっていた。私は、そのころ、アメリカのプロテスタンティズムで論じられていた『「神の死」神学』を主題として、ニューヨークで行なわれた諸宗派間対話を思い出す。私はこういった。『Sch'ma が唱えられるのを耳にすると、いつも私の背中を冷たいものがかけおりるのです』」（E:340）。

［17］神の名の聖別（Kiddusch-ha-schēm）　Kiddush とも表記する。棄教を迫られながらも、むしろ殉教を選ぶことを表明することば。

［18］メシア　Messiah.　「油をぬられた者」の意。地上から戦争がなくなり、平和が支配するような新しい時代へと導くために神から遣わされる者。ギリシア語訳ではキリスト。新約聖書では、イエスがキリストであると説かれるが、ユダヤ教はイエスをメシアとは認めない。ヨーナスが本章第四段落で指摘しているように、ユダヤ教では、その成就がなされるのは来世ではなく、この地上においてである。ひとりの人格としてのメシアの

到来によって永遠の平安がもたらされるというのがユダヤ教の正統の教義だが、ユダヤ教を近代化にむけて改革する論者たちは人格としてのメシアの待望を否定する。とくに啓蒙色の濃い一九世紀の改革運動では、教育、自由主義、人間の改善の機会の増大によって新たな時代が到来すると主張された。

ヨーナス自身がメシア思想をどうみていたかについては、解題を参照されたい。

[19] エホバの証人　Zeugen Jehovas.　二〇世紀初頭には「聖書研究者」と呼ばれていた宗派で、政治的中立、戦争への一切の協力の拒否を信条とする。ナチスによって活動を禁じられ、約一万二千人の信徒が強制収容所に送られた。アウシュヴィッツ収容所長のルドルフ・ヘス（Rudorf Höss 1900-1947）は、「収容所では、彼らは勤勉で信頼のおける作業員であり、看視なしでも作業に送り出せるほどだった。彼らは、まさにエホバのために、虜囚の身を耐え忍ぼうとしたのだ。ただ、彼らは軍隊や戦争に何かちょっとでもかかわりのあるようなことは、すべて頑強に拒否した」（ヘス：181-182）と記している。

[20] 最終解決　もちろん、ナチスによるユダヤ人全員の殲滅に名づけられた政策をさしている。

[21] 離散　「離散」ということばの裏には、ユダヤ民族がたどった運命であるディアスポラ（Diaspora）が示唆されている。ディアスポラとは、父祖の地パレスチナから他の地域に移り住んだユダヤ人をさす。ダビデ王によるユダヤ人の統一王国は次の王ソロモンの死後、南北に分裂し、このうち長く残っていた南側のユダ王国も紀元前五八六年に新バビロニアによって滅ぼされた。新バビロニア王ネブカドネザルは、紀元前五九七年から紀元前五三八年にかけて、ユダヤ人のとくに指導層や技術者をバビロニアに捕囚した。これにより、エルサレムの神殿を中心にしたユダヤの伝統文化は壊滅的な打撃をこうむった。これがディアスポラの起源とされる。その後、紀元後七〇年にエルサレムがローマ軍によって占領されるにいたって、ユダヤ人全体がディアスポラとしての運命をたどった。

[22] 哲学者にもその権利はあります　このことばの裏面には、哲学は特定の宗教に依拠することはできないというヨーナス自身の確信がある。ヨーナスはユダヤ人学者たちへのインタヴューを集めた本のなかで、「何世代

にもわたって古くからある伝統に忠実であることについて、どうお考えですか」という質問にたいして、私生活（とくに育児）ではユダヤの伝統を重視していると答えたあと、彼の仕事に関連してこう述べている。「哲学者はその本来の仕事である思惟を［自分が生まれ育った］諸条件や継承した前提からまったく自由に営むのでなくてはいけません。哲学者は思惟のみに拘束されるのです。哲学は方法の点では『無神論』でなくてはなりません。こういったからといって、『神はいない』と独断的に主張するわけではありません。けれども、神にたいする信仰についてはいわずにおくということです。哲学者でもあり、かつまた、ユダヤ人でもあるということ――そこにはある種の緊張があります」（Koelbl: 123）

以上をあわせみれば、「哲学者にもその権利はあります」という一言は、あらゆることについて考えうる営為である哲学は、当然、神についての思索をめぐらす権利をもっているが、しかしその思索は、自分自身が生活人として信じている特定の宗教があるにしても、当然、それに依拠するものであってはならないということを示唆している。哲学的思惟を逸脱する主題（訳註［9］参照）にあえて着手したヨーナスの緊張が伝わることばである。

［23］　プラトン　Platon（BC428/427-348/347）．プラトンは『パイドロス』『国家』『ティマイオス』『プロタゴラス』『パイドン』等で、理論的説明（ロゴス）とは別にミュートスを縦横に用いている。たとえば、『ティマイオス』では宇宙生成論が展開されるが、プラトンはそれを語る登場人物ティマイオスにこう断らせている。「こうした問題については、ただ、ありそうな物語を受け入れるにとどめ、それ以上は何も求めないのがふさわしいのだということを思い起こして、何人にも劣らず、ありそうな言論をわれわれが与えることができるなら、それでよしとしなければなりません」（プラトン：31）。

［24］　推測　「推測」は「ミュートス」と関連深く使われている。知りうる限界を超えたことがらについて使う。この語のもつ意義については解題を参照されたい。

［25］　創造　本書第三章に収めた「物質、精神、創造」にくわしく論じられている。

[26] この無条件の内在のうえに、近代の精神は立脚しております　これ以後の論理の運びは急である。註というよりも、パラフレーズのためのひとつの解釈を示しておこう。内在とは世界への内在を意味する。世界を創造する神の超越と対置される概念である。被造物がみずから作り出した状況、そこに成立した法則は内在である。すると、古典力学が用意し、「近代の精神」を支えつづけた機械論的自然観もまた内在の論理であることになる。なぜなら、それはアリストテレスの目的論的自然観の否定のうえに、したがってその究極の根拠である、世界を超越する不動の動者である神の否定のうえに成り立っているからだ。近代の精神の所産、ダーウィニズムもまた内在の論理である。種の発生を神による創造ではなく、突然変異と自然淘汰という世界内部の要因で説明しているからだ。ヨーナスのミュートスは神を想定する点で近代の精神とは異なるが、その神は創造した世界のなりゆきに介入しないので、結果的には、世界は世界に内在する要因だけで進展してゆく。裏返せば、「近代の精神」とは、ヨーナスのミュートスから超越神を捨象した宇宙生成論なのである。

[27] 世界内存在　ハイデガー（Martin Heidegger 1889-1976）の『存在と時間』の基本概念。人間は自分が関心をむけている存在者にとりまかれて生きており、いっそう正確にいえば、人間が関心をむけることで存在者が開示されてくる。こうした人間のありようをいう。ヨーナスはハイデガーの実存哲学と古代末期のグノーシス思想との類縁性を見出した。『存在と時間』の基本概念である被投性という「語はもともとグノーシス的である」(GR:334/444)。ヨーナスの「世界内存在」の理解の背景にも、グノーシス思想の解釈がある。「魂が世界内存在であることにたいする反応としての恐怖は、グノーシス文献のなかで反復される主題である」(GR:329/428)。グノーシス思想では、神と世界は対立する。神に由来する霊性を有する人間が世界の内にあるということは、したがって、敵対する世界のなかに投げ入れられているということにほかならない。とはいえ、グノーシス思想には、神による人間の救済への期待がある。これにたいして、ハイデガーでは神なき実存である。それゆえ、世界内存在という近代の自覚は、「勇気、はたまた絶望」にみえてくるわけである。そのとき、近代人はこの世界から自分を救う神の摂理をもたないままに世界の法則の厳密と苛酷に呻吟せざるをえない。

[28] まさにそのことが、神の世界内存在という私たちのミュートスを要請します　ヨーナスはハイデガーの用語、「世界内（存在）」と「内世界的」とを混同していると疑うひともいるかもしれない。だが、そうではあるまい。その証拠に、神の世界内存在は神の世界への内在、つまり汎神論を意味しない。むしろ、世界内存在である人間が事物に関心（Sorge）をもつのと同じように、神もまた世界を気づかう（sorgen）のである。

しかし、なぜ、ミュートスが要請されるといえるのだろうか。この講演内部にかぎれば、ヨーナスが「神の概念をたやすく捨て去ろうとはしない者」（本書九頁）だからというのがひとまずの答えであろう。だが、超越神なしに人間の状況をひきうけるほうを――形而上学を否定したニーチェやハイデガーの歩んだ道を――選ぶべきではない理由はあるのか。この点については、解題を参照されたい。

[29] 汎神論　万有のなかに神的なものが宿っているという考え方。哲学史上はスピノザが有名である。第三章一一節には、ヨーナスによるスピノザ批判が展開されている。

[30] オデュッセイア　ホメロスの叙事詩『オデュッセイア』。英雄オデュッセウスが、トロヤが落城したのち、一〇年にわたって諸国を放浪してたどった冒険を描く。直後に「美しくも醜くもみえる」とあるのは、オデュッセウスがしばしば変装してその危難をきりぬけていくことの連想からかもしれない。

[31] 世界のよろしきように　原文は、“zugunsten der Welt” で、「世界のために」「世界の有利となるように」の意。いずれにしても、神は彼岸からの干渉を控えて、世界が世界自身のたどる道を歩むにまかせたという意味である。

[32] 質料　ヨーナスの生命論（有機体論）では、生き物はみずからの存続に必要な質料を外からとりいれることで、自分の同一性（形相）を保つ。生命の維持に必要な物質をとりいれ、不要なものを排出する代謝を、ヨーナスはそのように理解した。ここで、「質料を獲得しなおす」と語られているのは、生き物のその活動を示唆している。質料と形相は、もともと、アリストテレスの用語で、前者は「それが何から作られているか」を、後者は「それが何であるか」を意味する。ただし、ハドルンが指摘しているように、アリストテレスでは形相

は種に対応するのに、ヨーナスでは個々の生き物の自己同一性が形相として語られていることになる（Hadorn: 105）。

［33］ 生成する神的なるもの　次の文に「生成する神的なるものの創造当初の放縦な濫費」とあるように、この「神的なるもの」は世界を創造した神をさす。それが「生成するもの」と呼ばれるのは、のちにヨーナス自身が説明するように、この神は世界の展開を気づかい、それによって触発されることで、変わっていくからである。

［34］ 感受し　質料をとりいれるということは、生き物において内と外との区別ができたことを意味する。「感受する」とは、生き物が外界を、たとえば、みずからの存続に必要な物質としてうけとめたり、みずからの存続を脅かす危険を察知したりすることをいう。

［35］ 永遠性　「質料」はみずからの存続に必要な物質と同義。それゆえ、ここにいう「永遠性」は生命のもつ性格を意味するととらざるをえない。したがって、常識的に考えれば、「永続性」にすぎないが、のちに記されるように、神的なものが生命のなかに自己を経験するという文脈から永遠と呼ばれるのであろう。生命から、当然、連想される死については、直後の段落で論じられる。なお、二つあとの段落には、「時間のなかで生きられた永遠性」という語で、生き物のことが表現されている。

［36］ 創造はよきかな　創造第六日の終わりに、「神が自ら造ったすべてのものを見ると、果たして、それはきわめてよかった」（創世記一章三一節）。

［37］ 自力で存在する　ここにいう「存在」は、もちろん、生命のことで、生命が外界から自分自身の存在に必要な質料をみずからとりいれる働きを意味している。

［38］ 時間のなかで生きられた永遠性を収容する彼岸における宝庫をふくらませていきます　被造物の行なったことをことごとく反映するものが神のもとにある。「宝庫」は第二章「過去と真理」のなかに語られる神的な主体の記憶と同様の発想。神はそれを介して、此岸つまり被造物の世界に関心をむけている。したがってその神は、世界にたいして無関心な、グノーシス思想の神ではなく、世界のなりゆきに喜び、心を痛める神である。

［39］ 神の敵為　神があえて世界の進展を世界それ自身にまかせたことをさす。

［40］ 善悪の此岸　当然、ニーチェ（本章訳註［45］）の「善悪の彼岸」をもじった表現だが、ニーチェの「善悪の彼岸」が、「仏陀とかショーペンハウアーのように、道徳の束縛や妄念に囚われてではなく」「ありとあらゆる思考法のなかでも最も世界否定的なものをばその奥底まで見ぬき、見下ろ」す思考の立場（ニーチェ：104）であるのにたいして、ヨーナスのミュートスは、世界自身にゆだねた世界の進展――とりわけ、直後に記されるように、人間の登場によって無垢の状態が終焉したあとの世界の帰趨――への神の気づかいに貫かれている。

［41］ 神の仕事はここで初めて明らかになりますが　被造物のなかで人間において初めて、神の働きが啓示されたことを意味している。

［42］ 神の像　ここでは、世界の進展につれてそれを映して神のもとに作られていく像という意味。本章訳註［38］にいう「宝庫」と同様、第二章「過去と真理」に語られる神の記憶と類似の発想。したがって、人間の行為が神のもとにある像に反映するゆえに、直後にいうように、「人間の行為が神的なるものの運命のうえにおよび、人間の行為が永遠なる存在がおかれている状態全体に影響する」わけである。ヨーナスは別の箇所でこう記している。「人間は神を象って（»im« Bilde）作られたというよりも神の像にむきあうように（»für« das Bild Gottes）作られていたなら、［中略］私たちの責任はこの世界における帰結という観点から規定されるのみならず［中略］、その成果が因果を超えた内的本質の規範に照らして測られるような次元にまで達することとなる」（PL：394/439）。

［43］ ホセア　預言者ホセア。ホセア書には、ホセアの結婚の経緯とイスラエルにたいする神の怒りが記されている。ホセアは神の命により、淫行の女ゴメルをめとる。ゴメルは不貞だったが、ホセアはこれをゆるし、ふたたび結婚する。ところで、イスラエルの人びとはいったん神と交わした誓いを破っていた。ホセアは預言者として、律法を破ったイスラエルにたいする神の告発を語り、しかしながら、終章では、悔い改めたイスラエルにたいしては、神の愛がふたたび訪れることを預言する。ゴメルとイスラエルの対応関係に注意。

［44］ヘラス　ヨーナスの『グノーシスの宗教』によれば、アレクサンドロス大王の東征によって生まれたヘレニズム世界は西方（ギリシア）と東方の統一であり、東方の独自性はそのなかでいったんギリシア（西方）による文化的な支配に組み込まれたかにみえたが、底流として存続し、紀元一世紀、グノーシス運動その他さまざまなかたちをとって爆発する。ユダヤ教とキリスト教もまたこの東方を出自とし、その点でもともとのギリシア（ヘラス）と対比される。

［45］ニーチェ　Friedrich Nietzsche（1844-1900）．ドイツの哲学者。伝統的に、世界や道徳の根拠とされてきた超感性的で不変の存在への確信がもはや無効となった近現代を支配しているニヒリズムについて深い洞察をした。

［46］「もろもろの円環の円環、永遠回帰の円環」　ニーチェは『悦ばしき知恵』『善悪の彼岸』『ツァラトゥストラはこう語った』等の著作のなかで、すべてのできごとは無限の回数繰り返されるという永遠回帰の思想を展開した。永遠回帰の観念はそれを知る者を仮借なきニヒリズムに陥らせるが、そのニヒリズムを超克する者は永遠回帰を肯定して、必然的な自分の運命を進んで受容する。

［47］すべてのなかのすべて　ここでは、この語句は創造以前の神をさしている。創造以前には、存在しているのは（神以外の存在者がのちに創造によって展開されていく可能性を含めて）神だけだから、神はすべてのなかのすべてなのである。この語句はこの講演のなかで末尾から四つ目の段落にもう一度出てくる。訳註［66］を参照。

［48］隠れた神（Deus absconditus）　イザヤ書四五章一五節に「まことにあなたはご自身を隠し通す神」とある。ヨーナスが「隠れた」というのは、次の段落に「私たちがそのなかでのみ神的なるものを把握することのできる世界にたいする神の支配からは理解できない」とあるように、人間が生きているこの世界のなかに神の徴を見出すことができないという意味である。したがって、人間が神について何らかの規定を下すとしても、それは「……ではない」という否定のかたちをとらざるをえない。隠れた神という観念は、ヨーナスの研究の出発

点だったグノーシス思想に顕著である。グノーシス思想は、この世界は神とは別の、神より劣った創造者によって創造されたと考え、したがって、この世界に見出されるものから神を推測することがゆるされない。なお、正統的なユダヤ教では隠れた神にはふれられることがないが、ユダヤ神秘思想では隠れた神が探究される。ユダヤ神秘思想には、グノーシス思想が関連している。ユダヤ神秘思想については、本章の後半部でふれられる。本章訳註［62］参照。

［49］　トーラー　ユダヤ教の教え、律法。創世記、出エジプト記、レビ記、民数記、申命記の五書のほか、口伝律法を含む。その内容は宗教的規範のみならず、宗教的規範に基づけられた道徳的規範、社会的規範を含む。

［50］　預言者たち　ヨーナスは『回想』のなかで、もはや人格神は信じていないとことわったうえで、ユダヤ教の真髄に預言者の存在をみている。「預言者は、私にとって、ユダヤ教のメッセージを真に体現した存在である。そのメッセージはそのつどの現在のなかに告げ知らされ、しかも、支配的で流通していることとほとんどつねに相反する。これによって、ユダヤ教は宗教的意識の形成に大きく寄与してきた」（E:339）。

［51］　さまざまな民族　歴史的事実として、アウシュヴィッツ強制収容所を解放した連合軍を構成していた諸民族をさしている。本書「ハンス・ヨーナスの生涯」に記すとおり、ヨーナスは戦時中にパンフレット「われわれとこの戦争との関わり」を執筆している。彼はナチス・ドイツにたいする戦争について、「キリスト教的で西洋的なヒューマニティというかたちでイスラエルの遺産をも世界にむけて管理している原理」と「人間蔑視の力のカルト」との対立とみていた（E:194）。したがって、「事態が変わることがなければ」、つまりナチス・ドイツに勝利しないかぎりは、連合軍側も、「人間蔑視の力のカルト」に圧伏させられる点で、ユダヤ人と「運命を共有する」ことになるというわけである。なお、ここにいう「イスラエル」は国家としてのイスラエルではなく、ユダヤ人をさしている。国家としてのイスラエルが成立するのは、第二次世界大戦後のことである。

［52］　義しき人びと　聖書やラビの文献のなかで「義しきひと」と呼ばれるのは、必ずしも、聖人、尋常ならざる敬虔で道徳的な価値をもったひとのことではなく、通常の善良なひとをさす。義しき人びとについては、こ

の講演の末尾でもう一度ふれられる（本章の訳註［67］［68］参照）。

［53］ この世の　原語は、physisch。次の段落に、もう一度、この語は使われる。ギリシア語の physis（自然）を語源とし、ドイツ語の単語としては、通常、「身体的な、肉体的な」「自然の、物的な」という訳語をあてる。ここでの脈絡では、神が創造したこの世界、つまり、人間界と自然界からなるこの世界というニュアンスを含んでいるのでこう訳した。

［54］ エジプトからの脱出　イスラエルの民がモーセに率いられてエジプトの圧制から脱出したことをさす。神がモーセに命じて（出エジプト記三章一〇節）脱出させたのであり、それゆえ、世界のできごとにたいする神の介入を意味している。脱出の途上、シナイ山において神とイスラエルの民との契約が締結され、信仰をともにする共同体が確立する。

［55］ 「強い手と伸ばした腕によって」　預言者モーセの死を記す申命記末尾に「モーセが全イスラエルの目の前で行なった、すべての力強き手とすべての大いなる恐るべき業」（申命記三四章一二節）とある。「毎年、朗読いたしますように」とあるのは、エジプト脱出を記念して春に行なわれる過ぎ越しの祭でこの部分が朗読されることをいう。

［56］ マイモニデス　Maimonides（1135-1204）．ユダヤ思想の最大の哲学者とされる。コルドバに生まれ、イスラム教徒による迫害を逃れ、エジプトにおもむき、カイロ近郊に住む。ユダヤ人の共同体の指導者となり、一一八三年には医師として宮廷に仕える。新プラトン主義、アリストテレス哲学とユダヤ教とを融合し、終生、宗教を理性にもとづける態度をとった。ラビの口伝の集成であるミシュナの注釈書『光明の書』を著し、『ミシュネー・トーラー』においてユダヤ法を体系化した。その他の代表的著作に、『迷える人びとのための導き』がある。

［57］ 一三の教理　マイモニデスがミシュナの注釈書のなかで定式化したユダヤ教の基本的な教理。ユダヤ教徒が信じるべきこととして、神の存在、神の唯一性、神の非物体性、神の永遠性、神のみを崇拝すべきこと、預

言の内容、モーセが最大の預言者であること、トーラーは神によってモーセに与えられたこと、トーラーの不変性、ひとの考えと行ないは神に知られていること、神は報いと罰を課すること、メシアの到来、死者の復活、があげられている。

[58] マニ教の二元論　マニ教は、マニが三世紀にイランで創始した宗教。マニはもともとはキリスト教のエルケサイ派に属していたが、ゾロアスター教の二元論をとりいれて独自の教義を展開し、四世紀に西に、六世紀に東は中国まで伝わり、隆盛した。光（善、真）と闇（悪、偽）による自然的二元論を説く。ヨーナスの『グノーシスの宗教』における再構成では、その教説はおよそつぎのとおり。光と闇とは分かれていたが、闇は光をみて憧れ、光の領域に侵入する。光の神は原人を遣わせて戦うが敗北する。以後、光と闇の戦いのつづくなかで、捕われた光を保つ器として人間が闇の君臨者によって創造される。人間は光に由来する霊性と闇に由来する肉体をあわせもつ存在である。究極的には、光の側から遣わされたイエスによって、光と闇とが完全に分離することで救済される。

[59] 理想は不完全にしか実現できない　イデア界と感性的世界の違いをいう。たとえば、感性的世界における美しい事物は、美のイデアを分有することで美しいものとなるが、美のイデアが完全な美の理想であるのにたいして、感性的な事物の美は不完全にしか実現されず、比較可能な程度をもつ。イデアは純粋な形相であって、感性的世界の事物は形相と質料から成る個物だからである。

[60] リスボンの大地震　一七五五年にポルトガルの首都リスボンを襲った大地震。津波の被害もあり、推計五万五千人から六万二千人の死者が出た。ここでヨーナスがこの事件に言及しているのは、この地震によって、全能かつ善なる神の創造した世界に、どうして災いが起こるのかという神義論（本章訳註［13］参照）の問題が再燃したからである。この問題をめぐり、ヴォルテールとルソーのあいだに論争が起こり、ヴォルテールが小説『カンディード』を著す契機となった。

[61] ゲルショム・ショーレム　Gershom Scholem (1897-1982). ユダヤ神秘思想の研究者。ベルリンに生まれ、

一九二五年から六五年までエルサレムのヘブライ大学で教え、ユダヤ教の神秘思想について初めて学問的な研究を進めた。ヨーナスと彼との交友は、本書「ハンス・ヨーナスの生涯」を参照。

［62］ カバラ　ユダヤ神秘思想。一二世紀にプロヴァンスからスペインに伝わり、発達し、集成されていった『ゾハール（Zohar）』と、一六世紀に『ゾハール』を再解釈したルリア（次の訳註を参照）の二つの体系をもつ。カバラは「伝統、伝承」を意味する。カバラの信奉者は、カバラこそがトーラー（本章訳註［49］参照）の内奥の意味を伝えており、カバラをモーセや、ときにはアダムにさかのぼる伝統、伝承だと考えていた。

もともと、神について人間に妥当する概念を適用する（たとえば、「神は賢明なり」「神は善なり」）ことができるかどうかという問題はユダヤ哲学の重要な争点だった。『ゾハール』はそれにたいして徹底的に否定的な答えを出し、新プラトン主義の流出説の影響のもとに、神と世界との関係を次のように説明する。すなわち、それ自身としての神と啓示における神とは分けて考えなくてはならない。神それ自身は人間に妥当する諸概念による把握をまったく超えており、「無限（本章訳註［65］参照）」としかいいようがない。だが、神は、知恵、慈悲などの神性が帯びている十の能力ないし潜在性（スフィロット Sefirot）をとおした流出の過程のなかで自己を啓示する。流出によって、純粋な形相、ついで天界、最後に自然と行為の世界が生じる。この過程は人間の魂には明らかにされるので、人間は被造物のなかで、唯一、その行為によってこの流出してできた存在の連鎖のなかで影響をおよぼしうる存在である。

カバラはユダヤ教の正統的な教えとはみなされてこなかったが、底流として脈打ち、ラビの教えや禁欲的遁世にあきたらぬユダヤ教徒が一八世紀にポーランドで起こした敬虔主義運動であるハシディズムなどに影響を与えた。その一方で、一九世紀のユダヤ教改革派からは迷信のようにみなされもしたが、二〇世紀になると、ショーレムらによって研究が進み、正統派のあいだでも研究の対象として注目されるようになった。

［63］ ルリア　Isaac Luria（1534-1572）. くわしい伝記的事実はあまりわかっていないが、エルサレムで生まれ、父と別れ、母とともにカイロで母の兄弟の世話となる。カバラの古典『ゾハール』を学ぶ。若いときに、七年間、

ナイル川岸の小屋に住んで、サバト（ユダヤ教の安楽日。金曜日の日没から土曜日の日没まで仕事をしてはならない）以外は家に帰らず、カバラのテーマについて瞑想した。一五六九年にサフェドにおもむき、コルドヴエロを中心とするその土地の秘教集団に参加し、のちにその集団の指導者となる。ルリア自身はあまり著作をしなかったが、弟子たちがその教えを記録して、ルリアのカバラ解釈が伝えられた。

[64] ツィムツム（Zimzum）　Tzimtzum とも表記する。無限なる神（次の訳註参照）が流出を可能にするには、まず、スフィロット（本章訳註［62］参照）が出現するための、ついでそれをとおして、空間と時間、この世界が出現するための空虚な場を必要とする。無限なる神がそのために自分自身のなかに収斂することをいう。ショーレムによれば、ツィムツムはもともと、「神の聖なる臨在を、至聖なるもののなかに」「集中」することを意味していたが、ルリアはこれを神の自己収縮と読み替える。というのも、「神の本質がいたるところにあるのに、いかにして世界が存在しうるのだろうか。神は『すべてのなかのすべて』であるのだから、この具体的な場所に神でない別のものがいかにして存在しうるのだろうか」（ショーレム：345）という問いに答えるには、世界が創造されるための場が神と別になくてはならないからである。

[65] 無限なるもの（En Ssof）　En Sof とも表記する。「限界がない」を意味する。神が一切の人間的な把握を超えた存在であることを示すために、カバラは神それ自身としての神をこのように呼ぶ。無限なる神が明らかになるのは、ただ、神性が帯びているスフィロットをとおした流出の過程のなかでのみである。聖書が語る神は啓示された神であり、無限としての神はただ暗示されるのみだとされた。だが、だからといって、無限としての神と啓示における神との二つの神が存在するわけではない。カバラの信奉者は、たとえば、水はそれ自身の色をもたず、器の色を映すといった比喩をとおして、無限としての神と啓示における神の唯一性を説明した。

[66] すべてのなかのすべて　本章訳註［47］参照。神が被造物に存在する場を与えるように自己抑制を続けなかったら、存在するものは神のほかにはない創造以前の状態に帰ることになるわけである。

[67] 三六人の義しき人びと　ラビたちの口伝である『タルムード』のスッカー（仮庵）45b に、どの世代にも

少なくとも三六人の義しき人びとがいることで、日常のなかで、神の宿りが明らかにされるとある。三六人という数については、ユダヤの古代の法廷が七〇人で構成されていたため、その半数以上をとったという解釈がある。誰がその義しいひとであるかを見分けるすべはない。一八世紀以後のユダヤの伝説では、この三六人の義しき人びとは「隠れた聖人、一見したところふつうの人びとであり、通常は、小さな村に住む職人であって、三六人の他のメンバーを知らず、自分がそれであることも知らない場合もある。もし知っているとしても、尋ねられたら、それを否定する」(Jacobs:311) といわれている。

[68] 現代では、この数のなかにさきほど言及した〈諸民族からなる義しき人びと〉のなかの幾人かも属していたのかもしれません　「諸民族からなる義しき人びと」にさらに「そのなかの幾人か (manche)」とつけくわえたこの微妙な言い回しは、おそらくは、直前の訳註に記したように、「三六人の義しき人びと」は、見分けようがなく、また、本人自身がそれであることを自覚していない場合すらあるからであろう。

[69] 詩篇　旧約聖書のひとつ。神の賛美を主とする。

[70] 古代ペルシア人の信仰の遺産　ゲーテ (Johann Wolfgang von Goethe 1749-1832) の『西東詩集』のなかの「パルゼびとの書」と題する一節に収められる。パルゼ人はゾロアスター教徒。その遺訓のかたちを借りて、「重き勤務の日々の保持、その他に何等の啓示は要らず」といったくだりに、ゲーテ自身の信仰を告白した詩とみなされる (茅野:626)。

[71] そして口ごもりつつ至高の存在を頌えるものは、輪に輪を重ねかしこに集う　訳文は生野幸吉による (ゲーテ:176)。

第二章　過去と真理——いわゆる神の証明にたいする遅ればせの補遺

[1] 神の証明　正確にいえば、神の存在証明。存在論的証明 (第三章訳註 [58])、宇宙論的証明、目的論的証明 (第三章訳註 [64]) 等さまざまな方法が試みられた。

［2］　可能的経験の限界　カントは『純粋理性批判』の超越論的弁証論のなかで、経験できないことがらへ理性が思索を進めることで二律背反する結論に陥ることを指摘した。

［3］　「カエサルはルビコン川を渡った」　ローマ帝国の将軍カエサル（Gaius Julius Caesar BC100-BC44）は、ガリアを平定し、ローマの版図を広げ、力と富と名誉を手に入れたが、紀元前四九年、政敵ポンペイウスの意向のもとに元老院でカエサルの召還と軍隊の解散が決議されたために、法を侵して、当時ローマとガリアの境界線だったルビコン川を越えてローマに進軍したといわれている。結果的に、カエサルはポンペイウスを撃ち、紀元前四六年には、ローマの共和政治の伝統を廃して独裁官となった。そこで、「ルビコン川を渡る」は、その後の成否を決する決断を行なうことを表わす成句として用いられている。

［4］　検証可能性　検証とは、観察や実験によって確かめられることをいう。したがって、もしも、検証可能性を真偽の成り立つ条件と同視するなら、観察したり実験したりできないことについては真偽の区別がつかないことになる。

［5］　現にそこに　da. 日常の用語としては「そこ」だが、真に存在しているものが現われる場をいう。

［6］　アクチュアルな現在　「アクチュアル」は「可能的」「潜在的」と対になる概念。「事態のアクチュアルな現在」とは、平たくいえば、三角形の内角の和が一八〇度であるという事態は、過去のことでも未来のことでもなく、現在、現実にそうであるという意味である。

［7］　ダーウィン　Charles Darwin（1809-1882）. イギリスの博物学者。突然変異と自然選択（自然淘汰）による進化論を提唱。なお、ヨーナスのダーウィニズムにたいする見解は、『生命という現象』（邦訳『生命の哲学』）第三章に展開されている。

［8］　イギリスのある神学者　ゴス（Philip Henry Gosse 1810-1888）をさすと思われる。ゴスはその著 *Omphalos*（ギリシア語で「へそ」）のなかで進化を否定し、神は今あるとおりに人間を創造した（だから、へそもついているわけである）と主張した。地球は紀元前四〇〇四年に創造され、歴史を古くみせる化石はそのときに埋められ

たとする。

[9] デカルト　René Descartes (1596-1650). フランスの哲学者。「我思う、ゆえに我あり」の発見によって、主観を根底におく近代の哲学の創始者に位置づけられる。第三章訳註［15］参照。

[10] 欺く霊　デカルトの『省察』に登場する霊。デカルトはけっして疑いえない真理を求めて、一度でも自分を欺いたものを信用しないという懐疑を進める。感覚にもとづく知識はそれによって真とはみなされなくなる。それでは、感覚に由来しない幾何学や数学の知識はどうか。だが、デカルトは、全能なる欺く霊を想定して、幾何学や数学においても自分が真だと確信することがらが実は偽であるのに、欺く霊によって真理だと思い込まされているのではないかと疑う。欺く霊の導入によって、あらゆる知識が信頼するに足らないことが決定的となる。しかし、まさにそのことによって、たとえ欺かれているとしても、私がそう思っているというまさにそのことは疑うことはできない（「我思う、ゆえに我あり」）という結論に到達する。

[11] ビッグバン　極度に高温、高密度の状態から大爆発（ビッグバン）によって宇宙が誕生したという説。一九二〇年代にフリードマンらによって同様の宇宙誕生説は提唱されていたが、一九四〇年代にガモフらによって定式化された。

[12] ハッブル　Edwin Powell Hubble (1889-1953). アメリカの天文学者。一九二三年、渦状銀河のなかのケフェウス型変光星を観測して、距離を測定し、銀河系の外にある恒星集団であることをつきとめた。一九二九年、これらの観測をとおして、遠方の星雲は、私たちの銀河系からの距離に比例する速度で遠ざかっているという法則（ハッブルの法則）を発見した。これによって、宇宙が膨張しつつあることが実証的に確認されると同時に、比例定数の逆数から、宇宙の膨張のはじまった時点から現在にいたるまでの時間が算出できることになった。

[13] 赤方偏移　波は、波が発生している源と観測者のいずれか一方、ないしは、両方が動いているときに、振動数がずれて観測される。これをドップラー効果という。光は電磁波としての性質をもつ。銀河系の外にある星雲から放出される光の連続スペクトルは、対応する原子スペクトルの振動数にくらべて波長の長いほうに（赤

い色のほうに）ずれている。これを赤方偏移というが、ハッブルはこの赤方偏移がドップラー効果によるものだと説明した。すると、銀河系の外にある星雲からとどくスペクトル線が赤方偏移を起こしているという観測データは、その星雲が遠ざかりつつあることを意味しており、宇宙が膨張している証拠とみなされる。

［14］ハッブル望遠鏡　アメリカ航空宇宙局が一九九〇年四月二四日にスペースシャトル「ディスカバリー」で打ち上げた直径四・三メートル、内部に直径二・四メートルの凹面鏡をもつ望遠鏡。ハッブルの名にちなんで命名された。本論文は一九九〇年から一九九一年にかけて発表されたもので、その執筆時期から、「今ちょうど宇宙空間に打ち上げられたハッブル望遠鏡」という表現になったのである。

［15］外挿　Extrapolation. 数学の用語。外挿法。補外法ともいう。ある関数 f(x) について、変数 x が x1 から xn までの区間において f(x1) から f(xn) までの値をとることがわかっている場合、x1 から xn の区間の外側にある任意の x にたいする f(x) の近似値を求める方法をいう。ヨーナスはこの「外挿」の概念を、現在、得られている所見にもとづいて、現在は手にすることのできない事態を推測するときに用いている。本書第三章にも、その発想法がみられる。

［16］前件　「もしAならば、Bであろう」のAの部分をいう。したがって、ここにいう前件の連鎖とは、「もし時点 $t0$ に状態 $c0$ であったならば、時点 $t1$ には事態 c1 であろう。もし時点 $t1$ に状態 $c1$ ならば、時点 $t2$ には状態 $c2$ であろう……」というふうにして、現在の時点 tn まで世界の進行してきたさまが論理的に一義的に決定されている（いいかえれば、時点 tx-1 で状態 cx-1 であるなら、時点 tx では状態 cx 以外の状態になることはなく、一方、時点 tx で状態 cx が成り立つのは時点 tx-1 で状態 cx-1 が成り立っているときにかぎられている）ことをさしている。ところで、現時点 tn において状態 cn であることは眼前の事実で真であるから、時点 tn-1 においては状態 cn-1 であったにちがいない。以下同様に、この条件の連鎖を逆行していけば、過去のある時点における状態が一義的に決定されることとなる。

［17］ラプラス　Pierre-Simon Marquis de Laplace（1749-1827）. フランスの数学者、天文学者。行列論、確率論、

解析学を研究し、データを確率論的に解釈するアプローチを『確率の解析的理論』（一八一二年）に著し、その後、『確率についての哲学的試論』（一八一四年）のなかで、本文に紹介されるような決定論を示した。天文学の分野では、『宇宙体系解説』（一七九六年）のなかでの太陽系の起源の説明が、カントの星雲説（一七五五年）――高温の星雲が回転すると、重力によって収縮し、中心に原始太陽を形成する。収縮するにつれて回転速度は高まり、遠心力が働く。それによって原始太陽の表面からガスが剥離し、それが冷えて固まって、惑星となった――を力学的に補強する機能を果たした。

[18] 数学者としての神　ここでは、ラプラスの想像する無限の知性をさしている。神が数学者であったなら、創造とは、数学の証明のように、一連の論理の連鎖によって進むことになる。ヨーナスはその著『生命という現象』（邦訳『生命の哲学』）第五章で、神が数学者であったなら、神には生き物は理解できないと指摘して、数学者としての神という神観念を批判している。

[19] 思い出　以下、少し無理はあるが、それを承知のうえで、Erinnerung と Gedächtnis とを訳し分けるために、Erinnerung に「思い出」ないし「想起」という訳語をあて、Gedächtnis に「記憶」という訳語をあてた。Erinnerung には、「思い出された事態」ないしは「思い出すことができる事態の蓄積」（日本語にいう「記憶」に近い）という意味と、過去のことを「思い出す」という心の働き（現象学の用語では、通常、「想起作用」と訳される）という意味が含まれている。訳文では、前者の意味に近い場合には「思い出」をあて、後者の意味に近い場合には「想起」をあてている。

[20] 遂行すること　遂行とは、志向作用の遂行を意味する。思い出は思い出す（想起する）という志向作用の遂行なしには思い出されない。

[21] 想起と称するもの　記憶違いを真実と思い込んでいる場合である。

[22] スターリン　Iosif Vissarionovich Stalin（1879-1953）．本名は Dzhugashvili で、スターリンは「鋼鉄の人」を意味する筆名。ソ連の政治家。ロシア革命に続く内戦の終わった一九二一年に開かれた共産党大会で、レー

ニン、トロツキーらとともに五人の政治局員のひとりとなり、一九二四年にレーニンが死ぬと、党書記長に就任。レーニンの一国社会主義不可能論から転換して一国社会主義を提唱し、永続革命論を唱えるトロツキーを排除した。以後も政敵を排除し、批判者を粛清して、死ぬまで国内的には独裁的な権力を掌握しつづけ、対外的には東欧の社会主義国への干渉をつづけた。

［23］ トロツキー　Lev Davidovich Trotskii (1879-1940). 一九一七年の革命で亡命先から帰国し、外務人民委員（外務大臣に相当）を務め、軍事人民委員として赤軍を育成した。しかし、ソ連の成立は革命の開始にすぎず、世界革命によってはじめて社会主義は成就するという永続革命論によって、スターリンと対立し、一九二七年に党を除名され、二年後には国外追放。追放後もスターリン批判を続けたが、亡命地メキシコでスターリンの送った暗殺者に殺された。

［24］ 赤軍　革命によって、ロシア帝国の軍が解体されたのち、一九一八年に革命政府は新たに労働者、農民の志願兵によって軍隊を結成した。これを労農赤軍と呼ぶ。同年、徴兵制に移行し、赤軍がソ連の正規の軍隊となった。一九四六年までこの名称は使われた。トロツキーが赤軍を育成したというのは、当初の志願兵だけでは不足していた士官級を旧ロシア軍の軍人によって補強し、また、赤軍にたいする党の指導体制を作り上げたことをいう。

［25］ アーレント　Hannah Arendt (1906-1975). 政治哲学者。ユダヤ人。ヤスパースとハイデガーに学ぶ。ナチスが政権を掌握した一九三三年にパリに亡命してユダヤ人救援活動に関わり、一九四一年にアメリカに亡命。著書に『全体主義の起原』、『人間の条件』など。ヨーナスとの交友は本書「ハンス・ヨーナスの生涯」を参照されたい。

［26］ クリスティアン・マイアーのカエサル伝　Christian Meier (1929-). ドイツの歴史学者。ミュンヘン大学名誉教授。ギリシア、ローマを専門分野とし、ドイツ歴史家協会会長などを務めたほか、一般むけの歴史書で知られる。カエサル伝（*Caesar*）は、一九八二年に出版された。ローマの共和政治の伝統に依存せず、その伝統

を用いて自力で権力を掌握していくアウトサイダーとしてカエサルを描く。

［27］ モムゼン　Theodor Mommsen（1817-1903）. ドイツの歴史家。主著に『ローマ史』（一八五四―五六年）がある。プロシア下院議員も務め、ビスマルクと対立した。一九〇二年にノーベル文学賞を受賞。ヨーナスの『回想』には、モムゼンの名前は出てこないが、母方の伯父レオ・ホロヴィッツから、東ゴートとビザンツをあつかったフェリックス・ダーンの『ローマをめぐる戦い』の話を教えられ、ヨーナスはローマ史への関心を高めた。伯父は甥の歴史への興味に気づくと、さらに甥にギボンの『ローマ帝国衰亡史』を贈った（E :55）。

［28］ 行動主義者　行動を理解するにあたって観察可能なデータのみを重視する。したがって、行為者が内心思ったことは行動主義の説明からは排除される。

［29］ それらについては真理がけっして論定されないからといって　本書三六頁に、カエサルがルビコン川を渡るときに心中に考えていたことについては、史料からしても、カエサル自身の記憶からしても、「原理的に検証不可能であることに変わりない」とある。

［30］ 直観形式　カントは、『純粋理性批判』超越論的感性論のなかで、空間と時間は実在するものではなく、人間の内官に備わっている直観形式だと論じた。

［31］ ライプニッツ　Gottfried Wilhelm von Leibnitz（1646-1716）. ドイツの哲学者。命題はその主語概念のなかに述語概念が含まれているときに真となるという考えを、ライプニッツは事実にもあてはめ、そのため、事実がこうであって、これ以外ではないことには、ほとんどの場合、人間の知性にとっては判明しがたいにしても、そうであるべき理由があるという充足理由律を提唱した。

［32］ モナド　ライプニッツが『単子論』（一七一四年）のなかで展開している彼の形而上学の基礎概念。世界を構成している、それ自身は部分をもたない単純な実体をいう。ただし、物質的ではなく精神的である。前註にいうように、いかなる偶然的なできごともそれが成り立つための理由が存しているが、その究極の理由は必然

的な実体のなかにある。この実体を神と呼ぶ。

[33] ディレンマの角のひとつである　そのいずれをとる（ないしは、否定する）にしても、板ばさみの状態になってしまう（ディレンマに陥ってしまう）二つの選択肢が、左右いずれの側に身をかわそうとも、いずれか一方にひっかけられる危険のある牛の角にたとえられている。

[34] コンスタンティヌスの寄進状　ローマ皇帝コンスタンティヌス一世（272-337）が、ローマ教皇シルウェステル一世（?-335）によってレプラを治してもらったお礼として、ローマ市、イタリア、西方の属州と都市について宗教上の至上権と世俗的な統治権をシルウェステル一世に寄進したと称する文書。ローマ教皇の世俗統治権の根拠とされていたが、一四四〇年にヴァラ（1407?-1457）が八世紀に作られた偽書と見抜いた。

[35] 心的（志向的）な現前である　実体として現前しているなら、現在も存在していることになり、過去の「もはやない」という性格と矛盾する。「心的（志向的）な現前」とは、志向作用の対象として現前しているということである。志向作用は、中世の哲学において精神の働きをいうが、一九世紀に、ブレンターノが物的現象から心的現象を区別するために志向性の概念をあてた。フッサールはこれを受けて、意識を性格づける概念として志向性を用いた。すなわち、意識はつねに何かを対象とし、何かにむかっている。知覚においては、何かが知覚されており、想起においては、何かが思い出されており、想像においては、何かが想像されている。ただし、ブレンターノは志向作用の対象を志向的内在というふうに表現したことで、その位置づけに難を残した。もし、志向作用に文字通り内在しているものなら、志向作用が過ぎ去るとともに消え去ってしまうからである。それを避けるために、フッサールは、志向作用に内在している実的要素と志向作用がむかう先（志向的対象）とを明確に区別する。この志向作用の向かう先である何かは、世界のなかに、つまり時間と空間のなかに実在していない場合でも、意味として存在している。したがって、知覚では錯覚においても、想起では記憶違いにおいても、志向的対象は存在している。

[36] 永遠の記憶　『生命という現象』（邦訳『生命の哲学』）のなかでは、詩篇の「いのちの書」を援用して神の

記憶について語られている。第三章訳註［91］と解題を参照されたい。

［37］　遂行的な　本章訳註［20］を参照。

［38］　公準　Postulat.　要請とも訳す。もともとはユークリッド幾何学の用語で、公理（理論体系の基礎となる命題で、それ自体は証明されないもの）にあたるもののなかの幾何学的な内容をもつものをいった。この語を神の問題に用いたのはカントである。カントは『実践理性批判』のなかで、以下のように述べる。道徳法則への尊敬にもとづいて道徳法則に合致するように行為する理性的存在者（人間）は、幸福であるにふさわしい。一切を自分の意のままにできることが幸福ということだが、しかし、人間はこの自然界のできごとを意のままにできるような原因ではありえない。したがって、正しき人間が幸福となるという最高善が可能になるためには、自然の原因とは別の原因、すなわち神の存在が要請される。これが純粋実践理性の公準としての神の存在である。カントが公準という語を用いたのは、本論文の冒頭にも記されていたように、神の存在証明と区別するためである。すなわち、カントは神の存在は証明できないという点を守りながら、なおかつ、正しい者はそれにふさわしく幸福でなくてはならないという、理性にしたがえば、当然そうあってしかるべきであると要請されることを公準ということばで示したわけである。

［39］　超越論的な　対象の認識が成立するための可能性の条件。ここでは、過ぎ去ったどのようなできごとについても、真偽を誤りなく認識できるための条件である。

［40］　精神的　ここでは「志向的」と同義。

［41］　それでさしつかえない　ここにいう「もろもろの仮説」は、過去の個々のできごとについての仮説で、次の文のグランドセオリーの内部で立てられる仮説をいう。科学者はそれぞれの専門分野で、仮説を立ててそれを検証するという科学的営為を日常的に進めているが、そうした営為は本論文が問題にしたような過去の存在の哲学的考察に関わることなく、過去のできごとについて真偽が決定できることを自明の前提として営まれている。その営為が哲学ではないかぎり、それでよいわけである。

［42］　実際に思い出す想起作用　aktuelle Erinnerung.　過去のできごとがたんにしまいこまれる記憶があるだけではなく、「実際に思い出」されなくてはならないということを示唆している。本章訳註［20］を参照。

［43］　理性の超越論的実存的な必需　この論考は、もともとは、過去についての真偽の区別が成り立たなければ、私たちが過去についてたがいに語りあっても共通する認識を保証することはできないし、それどころか、そもそも時間的な存在である私たち自身についても理解しえなくなるというところから出発している。過去のできごとを、また、時間的存在である私たちを理性的に理解できるようにするには、過去についての真偽の区別が成り立つ基盤が、なくてはならない必要なものである。そのために神が要請された。この論理の進行が「理性の超越論的実存的な必需」といわれている。

［44］　永遠の形相　私たちが感覚的に経験できる事物は、生成消滅するものであり、それが帯びている性質（たとえば、「白い」）は不完全である。これにたいして、その性質が完全なしかたで、かつ、永遠不変なしかたで存在しているもの（たとえば、「白さそのもの」）をイデア、形相と呼ぶ。感覚的に経験できる事物は、形相を分有するかぎりでその性質を帯びる。イデアそれ自体は、完全性を備え、生成消滅をまぬかれているゆえに、感覚的世界ではない別の世界（英知的世界）、天上界に属す。

［45］　プロティノス　Plotinos（205-270）.　ヘレニズム期の新プラトン派の哲学者。万有は一者から流出する。この一者から、イデアの英知的世界を含む思惟（ヌース）、この英知的世界にしたがって自然的世界を形づくる霊魂、自然的世界、形相をもたない質料が流出する。

［46］　ヘーゲル　Georg Wilhelm Friedrich Hegel（1770-1831）.　ドイツの哲学者。ヨーナスのヘーゲルにたいする評価は第三章一三節を参照されたい。

［47］　認識に関係しつつも、それ以上は確実には知られもしないし、確実に知られることに影響をおよぼすのでもない　神的な主体は、過去のことがらについての真偽の判別のために要請された公準だから、認識に関係しないわけではない。だが一方、これはあくまで要請ないし公準であって、証明ではない。証明でない以上は、

神的な主体についてめぐらした思索の内容は「確実に知られること」を僭称するわけにはいかない。

[48]　これらすべてのことは目下の主題ではない　ここに記されたことがらはすべて、神的な主体がこの世界、この世界のなかに生きる人間とどのように関わるのか（あるいは、関わらないのか）という問題である。これについては、本書に収められた他の二つの論文が主題としている。

第三章　物質、精神、創造——宇宙論的所見と宇宙生成論的推測

[1]　「宇宙というテーマのための試論と第二法則」　この論文の著者については本章訳註[7]参照。第二法則は、熱力学の第二法則をさす。第二法則の内容にはいくつかの表現があるが、日常的なことばでいいあらわせば、外部からエネルギーが加わらないかぎり、高温から低温への変化は不可逆に起こることをさしている。

[2]　ビッグバン　第二章訳註[11]を参照。

[3]　陽子　素粒子のひとつ。正の電荷をもつ。水素原子の原子核で、他の原子については中性子とともに原子核を形成する。

[4]　ルートヴィッヒ・クラーゲス　Ludwig Klages (1872-1956). ドイツの心理学者、哲学者。生命と精神が人格のなかでいかにして結びつくかを探究。著書に『宇宙生成的エロスについて』（一九二二年）、『リズムの本質』（一九二三年）など。

[5]　私がすでに以前に歩んだ道である　ここに記された宇宙生成論の構想の種は、すでに一九四四年から四五年にかけて、従軍中に、妻のローレに書き送った手紙のなかにかいまみられる。本書「ハンス・ヨーナスの生涯」を参照されたい。

[6]　『岐路』　Scheidewege.　ヒンメルヘーバー（次註）が発行、編集に携わっていた雑誌。伝統と進歩のいずれも信じきれない現代において、懐疑的思考によって方向性を見出そうとする趣意をもつ。ヨーナスもたびたびこの雑誌に論文を掲載しており、本書第二章もそのひとつである。

［7］　マックス・ヒンメルヘーバー　Max Himmelheber (1904-2000). 発明家、哲学者。水分の多い泥の堆積物からとりだした有機繊維から人工木材を作り出す発明によって特許をとり、それによって得た資産で財団を設立。『岐路』誌を発行、編集する。

［8］　「精神と自然」　この国際会議で行なわれた諸講演については、尾形敬次氏による邦訳がある。ヴァルター・Ch・ツィンマリ、ハンス＝ペーター・デュール編『精神と自然――自然科学的認識と哲学的世界経験の間の対話』尾形敬次訳、木鐸社、一九九三年。ヨーナスが「以前の論稿」と呼んでいるものは、同書の「精神・自然・創造――宇宙論上の事実とそこから推測できる宇宙の開闢」をさしている。

［9］　所見　Befund.　のちに出てくる「推測」と対比して用いられる。それを否定することができないしかたで直観的に見出されるものが所見であり、その所見にもとづいて、直観的には見出されないものに思索を進めていくことを推測と呼ぶのが、ヨーナスの用語である。

［10］　推測　Vermutung.　前註参照。推測であるかぎり、理性からみて筋のとおったものであるにしても、理性がそれを承認せざるをえないほど、誤りないものとして証明したことにはならないわけである。解題を参照。

［11］　エントロピーの増大　熱力学の第二法則はまた、エントロピー増大の原理とも呼ばれる。エントロピーは、絶対温度 T1 の物体が熱量 Q1 をうけたとき、その物体は Q1/T1 だけエントロピーが増加し、絶対温度 T2 の物体が熱量 Q2 を放出するとき、Q2/T2 だけエントロピーが減少するというふうに定義される。このエントロピーの概念を用いると、より高い温度 T3 の物体からより低い温度 T4 の物体へ熱が移動するということは、移動する熱量を Q で表わせば、前者の物体は Q/T3 だけエントロピーを失い、後者の物体は Q/T4 だけエントロピーが増加したことになる。前提条件から T3 ＞ T4 だから、後者の物体のエントロピーの増加分のほうが大きい。したがって、この移動が進んで二つの物体が同じ温度になるまでの過程、すなわち、高温から低温への不可逆な変化は、エントロピーが増大したといいあらわされるわけである。

［12］　短命　kurzlebig.　「長命（langlebig）」とともに、すでに「生命」（leben）に関わる語が使われているが、

ここではまだ比喩であって、同じようなふるまいを続ける期間の長短をさしている。原註（1）に、地球の公転の話のなかで「生の循環」という表現が用いられているように、ヨーナスは生という語を無生の存在者にも使っている場合がある。

[13] ダーウィン　第二章訳註［7］を参照。

[14] デオキシリボ核酸のアミノ酸配列　遺伝子を構成する物質であるデオキシリボ核酸は、アデニン、シトシン、グアニン、チミンの四つの塩基から形作られているが、この四種類のなかの三個の塩基からなる配列がひとつのまとまりとなって一種類のアミノ酸に対応し、特定のアミノ酸を作り出すようにできている。このしくみによって、生き物の身体は遺伝子の指示にしたがって親と同様に形成されるわけである。

[15] デカルト　第二章訳註［9］を参照。デカルトは、思惟する実体と延長する実体とを峻別した。その結果、心身は分離して捉えられざるをえない。それにもかかわらず、いかにして心身の相互作用が生じるかというアポリアを抱えた。人間は思惟する存在だが、人間以外の動物に思惟が認められない以上、動物の身体は機械的に作動するとしか考えられない。

[16] 相即して　原語は an で、接触しているさまを表わす前置詞である。意識という主観性は意識だけで存立するのではなく、脳という物質なしには存立しえない。同様に、生命もまた、物質から構成された生き物、有機体なしには存立しえない。その関係をいう。なお、「付随して」「随伴して」という語感とは異なることは、本章三節を参照。

[17] 宇宙論的な問いをもう一度初めからとりあげなおさなくてはならない　序に記してあるように、一―二節は「自然科学による記述にしたがって」質料を描いている。ところが、そのやり方では、この段落で主張されているように、主観的なるもの、内面については説明できないという。そこで「初めからとりあげなおさなくてはならない」。

[18] 目的論　特定の目的を実現する方向性を想定して過程を説明する議論。アリストテレスは、形相因（その

ものが何であるか)、目的因(そのものは何のためにあるか)、質料因(そのものは何からできているか)、作用因(そのものがそうなる過程を始動させる環境的な要因)によって自然現象を説明した。この説明では、自然現象はある目的を実現する過程であり、こうした考え方を目的論的自然観という。古典力学(物理学)にもとづいて描かれた近代の自然観、すなわち機械論的自然観は目的論的自然観を否定するところに成り立つ。一一二節は物理学的な説明なので、そのものが、なぜ、そうなったのかということは作用因の配合だけで説明することになる。しかし、関心、目的といった「めざすもの」を含む内面性が自然のなかに現われた以上、それをそのようなものとして説明するには、目的を欠いた偶然的な外的要因だけでは説明しきれないというのである。

[19] 感受　第一章訳註[34]を参照。

[20] プラトン　第一章訳註[23]を参照。ここでプラトンの名が言及されているのは、とりわけ『パイドン』に強くみられる、心が身体とは別の原理に由来する(それゆえ、死後に心は身体という牢獄から離れる)発想ゆえであろう。

[21] ザラスシュトラ　Zarathushtra (BC1200ごろ). ドイツ語読みではツァラトゥストラ。ゾロアスター(ザラスシュトラの英語読み)教の開祖。善なる光の神アフラ・マズダーと悪しき闇の神アフリマンとの闘争の地としてこの世界を説明した。

[22] パウロ　Paulo (10?-62?). 使徒のひとり。異教徒への伝道を使命として、小アジア、マケドニアなどで布教する。多くの書簡を残し、キリスト教神学の形成に決定的な寄与をした。本章訳註[53]参照。

[23] オルフェウス教徒　古代ギリシアの密儀宗教オルフェウス教の信者。オルフェウス教は、人間の身体のなかには不滅の神的霊魂が幽閉されていると説き、戒律を守ることで、心身の分離する死後における幸福が得られると説いた。ピュタゴラス派、プラトンにも影響を与えた。

[24] グノーシス主義者　後期古代(一—四世紀)にオリエント、エジプト、ローマ帝国内部で興隆したグノーシスの思想を奉じる人びとをさす。この世界の創造者は真の神よりも劣等、邪悪な存在であるか、あるいは、

真の神のなんらかの迷いのためにこの世界が生じたと考える一方、人間は真の神に由来する霊性（プネウマ）をもっているとし、したがって、人間は人間が住むこの世界と対立する。真の神による恩寵と真の神の授与する知（グノーシス）によって、人間はこの世界から救済される。この思想の革新性のひとつは、ヨーナスによれば、人間の内奥の霊性をこの世界やこの世界での経験とともに形成される心（プシュケー）とはまったく独立のものとみなす点にある。とりわけこの脈絡でここに言及されているのだろう。

［25］アウグスティヌス　Augustinus（354-430）．北アフリカのヒッポで司教を務める。教父哲学の最後、中世哲学の始まりという哲学史上の結節点に位置する。一時期マニ教にひかれるが、キリスト教に回心。新プラトン主義の影響を受け、とくにキリスト教の彼岸的性格を明らかにした。人間は自由意志によって善をなし、救われると主張するペラギウス説にたいして、人間が善をなすには神の恩寵が不可欠であると反駁した。ヨーナスは一九三〇年に最初の書物を公刊するが、その題名は『アウグスティヌスとパウロ的な自由の問題』で、ペラギウス論争を論じたものだった。

［26］パスカル　Blaise Pascal（1623-1662）．フランスの哲学者、科学者。恩寵の力を強調するヤンセニウスの思想に傾倒する。人間の意志の自由に立脚して、ヤンセニウスの主張を異端とするイエズス会にたいする抗議の書『プロヴァンシアル』を匿名で著した。

パスカルがその著『パンセ』のなかに記した、無限に広がるまったく人間と没交渉な近代の宇宙像にたいする戦慄は、本章の一三節に言及されている。

［27］キェルケゴール　Søren Aabye Kierkegaard（1813-1855）．デンマークの哲学者、プロテスタンティズムの神学者。当時の教会を批判し、実存と信仰を論じた。個々人が唯一者であり、その主体性を強調した点で実存主義哲学の先駆とされる。

［28］機械仕掛けの神　古代ギリシアの劇の最後に、機械仕掛けで上から舞台に下りてくる神。紛糾した場面を大団円に導く。そこから、適当な結末を導くためにご都合主義的に導入されるものをこう呼ぶ。

［29］　スピノザ　Baruch de Spinoza（1632-1677）. ポルトガル系ユダヤ人でオランダの哲学者。旧約聖書の解釈をめぐり、ユダヤ教からは破門される。神すなわち自然とする汎神論を展開した。その思想については、本章の一一節にとりあげられる。

［30］　原註（3）　ここに言及される書物のなかで、ヨーナスは随伴現象の概念にたいする内在的批判、その帰結にたいする帰謬法にもとづく批判を提示している。後者について略述すれば、思考が随伴現象だとすれば、随伴現象説そのものがひとつの随伴現象として説明され、（他の理論と優劣を争うだけの）力を失うではないかというものである。

［31］　ホワイトヘッド　Alfred North Whitehead（1861-1947）. イギリス、のちにアメリカの哲学者、数学者。ヨーナスにとってホワイトヘッドの哲学は親しいもので、一九五〇年、ヨーナスがアメリカ哲学会（ボストン大学で開催）で最初に発表した論稿“Causality and Perception”はホワイトヘッドを論じている。同論稿はその後『生命という現象』（邦訳『生命の哲学』）第二章に発展している。ヨーナスは同書を、「私の哲学の作品のなかで最も重要なもの」で、「ホワイトヘッドの『過程と実在』と同様の野心に導かれており、事物の核心に達しよう、存在の本性を問おうとする同じ根本的なテーマに捧げられている」と位置づけている（E:315）。ただし、本章一四節にはホワイトヘッドにたいする間接的な批判もみられる。

ちなみに、ヨーナスはアメリカ哲学におけるホワイトヘッドの地位について、「ホワイトヘッドはアメリカ哲学のなかで一国を代表するランクを占めてはいなかった。というのも、形而上学を真摯な哲学的主題とするひとは、実証主義的で論理分析的なアメリカ哲学の風土ではよそ者だったからだ」（E:312）と述べているが、この評言はヨーナス自身にもあてはまるだろう。

［32］　現実的実質　actual entity. ホワイトヘッドの概念。世界を構成する究極の実在。自存する実体ではなく、たがいに関係しあいながら生起しているできごとをいう。

［33］　理性的に考えれば　vernünftig.「筋がとおる」「まともな」といった意味もある。機械論的自然観からす

れば、ヨーナスの主張のほうが「理性」に反するようにみえるだろう。ヨーナスの論理にしたがえば、内面性のようなたんなる物質とまったく異なる存在がまったくの偶然からうまい具合にできあわせたというほうが考えにくい――「思考にとって過酷な要求」なのである。ただし一方で、ヨーナスが事態の進行を必然的なものとしてはけっして説明していないことにも注意すべきである。

[34] 「宇宙生成のエロス」　序に言及したクラーゲスの用語を借りているわけだが、「エロス」が、古来（たとえば、プラトンの『パイドロス』にあるように）、自分とは異なる、自分を超えた存在へのあこがれを意味していたことに留意すべきだろう。

[35] 目的因　本章訳註［18］を参照。

[36] アリストテレス　Aristoteles (BC384-BC322).　本章訳註［18］を参照。

[37] 「植物的」生と「動物的」生　植物は栄養を摂取し、生殖する機能をもち、動物はさらにそれにくわえて感覚の機能をもつと定義される。

[38] 超越　次節で精神をとりあげるさいに、あらためて論じられる。

[39] 存在論のことばを語っている　生命、生は四節第二段落に「徹頭徹尾意志である主観的な生」といわれている。生をそのようなものとして捉え、たとえば、機械論的自然観による説明のような別の捉え方に還元せずにみるならば、すなわち、現われているものを現われているがままに記述する現象学的な見方をとれば、意志である主観的な生がまったくその性質と疎遠なものから、きわめて可能性の低いたんなる偶然のめぐりあわせによって突如現われたという説は、ヨーナスによれば、理解しがたい。したがって、この現象学的所見のなかに、生が出現する以前に存在者のなかにすでにそれへむかうあこがれがあったという、存在者についての見解（存在論）を聴き取ることができるというのである。

[40] すでにいわれたように　三節の末尾を参照。

[41] 原註（3）にあげた拙著 S. 89-S. 116（邦訳『主観性の復権』六三―九一頁）を参照　同所には、数学者ク

ルト・フリードリクス（Kurt Otto Friedrichs 1901-1982）との討論のなかから生まれた考察が収められており、心的なものが自然法則と共同して物理的なできごとを決定するという可能性を量子力学のなかに探求している。

〔42〕 人間にみられる証拠が付け加わる　四節第二段落にいわれたように、主観的な生がこの世界のなかに存在していることの否定できない証拠として、これまで「生きた証拠（das vitale Zeugnis）」「生命という証拠（Lebenszeugnis）」について語られてきた。五節でとりあげられる思惟は高次の主観的な営為である。思惟する人間それ自身が、高次の主観的な生がこの世界のなかに存在している証拠である。

〔43〕 感性的に代表象するメディア　ことばは超感性的なものを表わすことができるが、他方で、それを表わすためには、音声として耳に聞かれ、文字として目に見られなくてはならない感性的な面をもっていることをさしている。

〔44〕 無制約者　世界のなかに見出されるものは、それが成り立つための条件に制約されて生起した存在者だが、その制約をさかのぼっていけばいかなる条件にも制約されない存在者が想定される。カントはこれを「私たちを必然的に駆り立てて経験とすべての現象の限界を超え出てゆかせるもの」（『純粋理性批判』BXX）と表現している。

〔45〕 原註（7）　ここに言及する論文では、人間が動物であることを否定しない一方で、なおかつ人間のなかの、動物を超える一面が道具、像、墓を手がかりに探究されている。道具、像を作るには、形相を表象する構想力を要し、構想力は必ずしも生きるための必要を満たすことに制約されない。墓にいたっては生きるための必要とは独立に、人間が出処、帰趨を思いめぐらすゆえに作られる。このように、今ここに質料と一体化して知覚に与えられる感性的所与による制約からの解放に、動物にはない人間の自由が見出される。

〔46〕 みるもの　みるためには対象との距離が必要である。そのために、いつでも錯視がつけこむ可能性をもつ。

〔47〕 単純にはみることのできないもの　外的知覚のように、みるとみられるもの、主観と客観との相関関係だけではなく、その相関関係そのものをみる反省的まなざしによってみられるものを示唆している。

[48] 主観性の主観　主観性とは、客観と対比された主観のことではなく、主観と客観の相関関係をいう。ヨーナスのここでの用語はフッサール現象学を連想させる。フッサールは、デカルトが懐疑の末にとりだした「われ思う、ゆえにわれあり」の「思う（cogito）」を意識の志向性の観点から「われ－思う－思われるもの（ego-cogito-cogitatum）」の不可分の関係として捉えなおした。主観性の主観とは、この「思う」の相関関係を形成する独立しえない契機としての「われ」をさしていよう。たとえば、机を知覚しているとき、通常は机に関心がむかっている。しかし、机の知覚に反省の目をむけるなら、「私が机を知覚している」ことそのことが対象として主題化され、「私」はこの知覚作用のなかで働いているかぎりの私（「机を知覚している私」）としてとりだされる。自分の行為にたいする反省が念頭におかれているここでの文脈では、「その行為をする私」がとりだされるわけである。

[49]「本体」　Noumenon.　カントは、「本体としての人間」と「現象としての人間」を対比した。カントの倫理学的著作では、「現象としての人間」は幸福を求める傾向性によって牽引される存在である。これにたいして、みずからの意志の格率を普遍的道徳法則に合致させることによって傾向性による他律から自分自身を解放しうる、その意味で自由な自己が「本体としての人間」と呼ばれる。

[50] たしかにそれの下す評価はけっして「たんに主観的」ではないけれども、その評価された価値は本質的に「応答する主観」にたいする価値にほかならない　たとえば、たんなる好悪にもとづいて「私はx（すること）がよいと思う」なら、xの価値は「たんに主観的」である。ここでは、「私は、私がx（すること）がよいと思うことをよいと思う」というふうに反省の加わった判断を論じている。それゆえ、xについてのたんに主観的な価値判断ではないが、しかし、反省的な価値判断が成り立つためには、判断主体としての私がxの価値をみてとり、それに応答しようとしていることが依然として必要である。ちなみに、必要条件であって十分条件ではない。「私はx（すること）がよいと思う」と判断しても、私にとってxよりも重要で緊急の何かがほかにある場合には、「私は、私がx（すること）がよいと思うことをよいと思う」という反省的判断は下されない。

［51］ 責任を求めて呼びかける客観　「責任（Verantwortung）」は、原語の綴りからわかるように、「応答（Antwort）」することを意味する。英語の「責任（responsibility）」と「応答（response）」の関係と同様である。したがって責任は、本質的に、私が責任をとるべき対象の側から私にむけて迫られるものである。それゆえ、私が責任を担う対象は私ではないもの、「外なる」非我に限定される。この箇所では、責任の遂行が責任を遂行する私自身を善い人間にしていく点に焦点があてられ、しかも、そのために善なる行為が一転して自己利益をめざす行為や自己欺瞞に陥るおそれが指摘されている。

［52］ その理由は、自己へのこの配慮は第三の自由としてあげられた、無限なるもの、永遠なるもの、無制約者へと移行する思惟の自由を規範としているからであり、その場合にかぎって自己を配慮してもよいからである　この私にとっての目下の状況における善ではなく、誰かに特定の条件（制約）下ではなく、いつでも誰にでも一点の曇りない善をめざし、それに照らして自分の行為を吟味せよというこの要請に、ヨーナスの倫理理論の厳格主義的な一面が現われている。人間が至高の善にもむかいうる一方、根本的な悪にもむかいうる存在だという人間認識はヨーナスの根本にある。ヨーナスがユートピア思想を否定する論拠のひとつはここにある。

［53］ 原註（9）　ここに引用されている『アウグスティヌスとパウロ的な自由の問題』については本章訳註［25］を参照。言及されている箇所では、自分では律法に従おうと欲しながら、肉の力のために律法に反することを行なってしまう悩みを記したパウロの『ローマ人の手紙』の一節（七章七—二五節）をとりあげ、外面的に律法を墨守するパリサイ主義にたいするパウロの批判を論じている。

［54］ 独我論　一切は我によって表象されたものにすぎない（したがって、複数の我、他の我は存在しない）という考え方。

［55］ ピュタゴラス　Pythagoras（BC570?-BC496?）．古代ギリシアの哲学者。本章訳註［23］のオルフェウス教の流れをくんで、数学、天文学、音楽理論、そして宗教が一体となった知的営為を行なう秘教集団を形成し、その集団生活のなかに多くの禁忌を設け、死後の魂の浄化を求めた。

［56］「似像性」は、「善悪」を知るということのうちにある　　蛇が善悪を知る木の実を食べるように誘惑する箇所で、蛇は、その実を食べると「あなたがたが神のように善悪を知るようになる」（創世記三章四節）と教える。

［57］超越であるということは、聞き知られたことが超越であるばかりか、聞き知ることそれ自身もまた超越なのである　　聞き知られた内容が――たとえば、ピュタゴラスでは感性的真理ではなく幾何学的真理、預言者では状況によって緩和されうる世間的道徳ではなく無条件に服すべき道徳的要請というように――時間や状況とともに変化する現世的性格を超越しているという意味と、それを聞き知る行為が今ここでの体験でありながら今－ここという性格を超えた超時間的なものにふれるという意味で超越である（超え出ていく）という二つの意味が、超越という語にこめられている。

［58］アンセルムス　Anselmus（1033-1109）．スコラ哲学者。カンタベリー大司教。その著『プロスロギオン』のなかで、神の概念から神の存在を導出する存在論的証明を展開した。すなわち、神は最大の存在である。たんに思惟される存在よりも、思惟されるのみならず実在する存在のほうが大きい。ゆえに、神は存在する。

［59］カント以来、証明済みとみなされている　　『純粋理性批判』超越論的弁証論第四節の議論をさしている。あるものの実在は経験の統一によってのみ意識される。しかし、無限なる存在といった理念は経験することができない。したがって、理念を分析したところで、そこから神の実在を導出することはできない。

［60］客観的実在　　realitas objectiva．スコラ哲学の用語。表現的実在ともいう。現に実在しているものは形相的かつ現実的実在と呼ばれるのにたいして、客観的実在とはその現に実在するものが思い浮かべられているときのその観念の存在をいう。

［61］明証　　そのものやその事態が存在していることがはっきりとわかること。

［62］この問いは人間精神をせっついてやまないからである　　たんに宇宙の元初がどのようであったか、どのように宇宙は創造されたかというだけの問いではなくて、内面性、さらに精神、つまりは私たちがどのようにして創造されたのか、私たちの存在に意味と目的はあるのかという問いであるために、人間精神をせっついてや

まないのである。

［63］ 自然神学　啓示によるのではなく、理性によって神を考察する神学。

［64］ 宇宙論的な神の存在証明、目的論的な神の存在証明　私たちが経験している事物が運動していることは明らかだが、この運動の原因をさかのぼっていくと、無限遡行に陥らないためには、みずからは動かされず、他を動かす存在がなくてはならない。こういう推論で神の存在に行き着く証明を宇宙論的証明という。一方、この世界にみられる美や目的適合性は、そのように世界を創造した知的存在なしには考えられない。こういう推論で神の存在に行き着く証明を目的論的証明という。

［65］ 量にあてはめて解釈すると論理的な無意味に陥るものの　八三頁を参照。

［66］ 真核生物　核膜で囲まれた核をもつ細胞からなる生物。細菌と藍藻以外の生物はこれである。

［67］ 原核生物　核膜で囲まれた核をもたない細胞からなる生物。細菌と藍藻がこれであり、どちらも単一の細胞からなる。

［68］ ハインリヒ・ポーピッツ　Heinrich Popitz (1925-2002). ドイツの社会学者。ハイデルベルク、ゲッティンゲン、オクスフォードで哲学を学び、スイスのバーゼル大学で社会学教授、ドイツのフライブルク大学社会学研究所で初代の所長等を務めた。第二次大戦後に経営社会学を再建し、無知の予防的影響、技術の問題にとりくみ、そのほか暴力論等を研究した。ヨーナスの勤めたニュースクール・フォー・ソーシャル・リサーチにはドイツの学者を一年間客員教授として招聘する制度が設置されていたが、ポーピッツはこの制度によって同校で研究と教育にあたった (EV:78)。

［69］ とりわけ分析哲学者たちからは常軌を逸する試みとして忌み嫌われているが　第一章訳註［11］を参照。

［70］ 外挿　第二章訳註［15］を参照。

［71］ この神は、自分に似せて人間を創造しようとみずからいい　「神は言った、『われらの像(かたち)に、われらの姿に似せて、人を造ろう』」(創世記一章二六節)。

[72]　精神こそが私たちにとって最高のものとして存在している　「存在している」に傍点をふられている（原文ではイタリック）のは、ここにいう「精神」が宇宙のなかにみられる所見であることを強調するためである。したがって、この精神は人間の精神である。だから、精神を手引きとして神的なものについて考えるには、擬人観という非難をうけようが、人間を出発点とするほかないわけである。

[73]　トマス・アクィナス　Thomas Aquinas（1225?-1274）. イタリアの神学者。とくにその自然哲学においてキリスト教の教説と矛盾がみられ、禁書扱いにもされたことのあるアリストテレス哲学とキリスト教神学とを両立させる説明を展開し、スコラ哲学を大成した。

[74]　存在のアナロギア　analogia entis. 神も被造物も存在するものである以上は、被造物に帰せられる性質の一部は神にも類比（アナロギア）的に帰せられる。だが、神は被造物と絶対的に異なる。そのことをトマスは、存在せしめるものと存在者との関係に見出し、これを存在のアナロギアと呼んだ。ただし、ヨーナスの記したanalogia entis は字義的には「存在者のアナロギア」とも解されうる。それを避けるには次註を参照。

[75]　卓絶した様態（modo eminentiae）　もし、被造物の性質から類比した性質を神に帰するだけなら、神を優れた被造物のように考えてしまいかねない。それを防ぐには、神に帰せられる性質は被造物からは卓絶した様態で考えなくてはならない。『神学大全』第一二問第一二項に「神の本質は、被造知性によって示される理解されうるすべてのものを、卓絶した仕方で自らのうちに包含している」（トマス・アクィナス：324）とある。

[76]　たんなる消極的なこの性質は自明なものではない　四節第二―三段落、七節第二段落を参照。

[77]　人間の身体機械　身体が延長している以上、精神はそこから排除され、したがって、身体それ自体は機械とみなされるわけである。本章訳註［15］を参照。

[78]　永遠の必然性は、煎じ詰めれば、無時間的に自己を呈示しているわけである　生起する現象が必然性に支配されているかぎり、前後関係、不可逆性といった時間に固有な性質をもたなくなる。第二章を参照。

[79]　汎霊論　Pandämonismus. 霊（Dämon）は神と人間の中間的存在であり、善悪いずれとも決まっていない。

次の「汎悪魔論」の原語は Pandiabolismus。善悪の区別がないかぎり、汎神論の神は善なる神ではなく、霊とも悪魔とも呼べるではないかという批判。

［80］　中世の創造信仰の番人たちは、世界は永遠か、それとも時間的な始まりがあるのかをめぐってアリストテレス主義と戦ったが　存在するものを形相（それは何であるか）と質料（それは何からできているか）から説明するアリストテレスでは、質料は永遠に存在するものと考えられた。これはキリスト教の無からの創造と相容れないので、アリストテレスの自然哲学は、一時期、禁書とされた。

［81］　カントが純粋理性の二律背反において経験に信頼を寄せた　第二章訳註［2］。

［82］　テーゼ、アンチテーゼ、ジュンテーゼ　ヘーゲルの弁証法の基本概念。ある主張（テーゼ）はそれだけをとってみると一面的であり、それを否定する内容をもつ主張（アンチテーゼ）に出会わざるをえない。けれども、後者それ自体も特定のあることがらの否定であるかぎりは一面的であり、相対的であるにすぎない。しかし、後者による否定が否定されると、テーゼの内容は（否定が否定されるゆえに）ふたたび肯定されると同時に、しかもアンチテーゼを経験した以上は当初の一面性を脱する。また一方、アンチテーゼによる否定も否定されることによってその一面性を脱する。こうして先行する段階それぞれをひとつの契機として内に含んだ綜合（ジュンテーゼ）が成り立つ。

［83］　世界のドラマを創出する根源的な作用の第一幕　「根源的作用の第一幕」と訳した原文は Urakt。Akt は「幕」と「作用」の二つの意味がかけてある。

［84］　「私を知らない空間の無限性」　「たとい宇宙が彼を押しつぶしても、人間は彼を殺すものより尊いだろう。なぜなら、彼は自分が死ぬことと、宇宙の自分に対する優勢を知っているからである。宇宙は何も知らない」（パスカル：225）。

［85］　量は質に変換するというまさにヘーゲルの公式　質を欠いた量は増減だけで規定されるようにみえるが、現実の量はある限界をもった定量であり、さらに、ある定量と他の定量とのあいだに成り立つ比は、比の両項

が量的に変化しても変わらない。つまり質に移行する。ヘーゲルの『大論理学』第一巻第二編、『小論理学』第一編B参照。

[86] 神的なもののなした仕事をつかさどる無能な管理者として、そのことを神的なものにむかってやってのけたのである　神的なもののなした仕事とは、当然、創造された世界をさしている。すでにこの一文には、神が世界の発展を世界にゆだねた以上、人間は世界の進行に意図的に介入しうる唯一の存在として神のゆだねた冒険の行く末にたいする責任を担わなくてはならないという一五節以降の論旨が先取りされている。一方、このくだりは一〇節で、世界の進行に神が継続的に介入するという考えは「自然や歴史についての私たちの知識」に反すると述べたことについての、事例をあげた裏づけである。

[87] テイヤール・ド・シャルダン　Teilhard de Chardin (1881-1955). フランスの古生物学者、哲学者。無生物から人類に進む進化を神にむかう運動と解釈した。

[88] ストア派　紀元前四世紀から紀元二世紀に隆盛した思想。宇宙全体がすべてを包括するものである以上、宇宙が最良のものであり、また、宇宙の一部である人間に理性が存在するからには、宇宙も理性、ロゴスをもっている。ロゴスがあるゆえに、宇宙は秩序（コスモス）として成り立っており、宇宙のなかに起きることがらはその摂理によって生じると考えた。

[89] 「みよ、これはよい」　第一章訳註［36］参照。

[90] 『生命の哲学』第一二章　論文「不死性とこんにちの実存」にあたる。この論文と本書との関係については解題を参照されたい。

[91] 「生を喜ぶ神」(chafêz bachajim)　贖罪の日に特別に唱えられる祈りのなかにあることば。その祈りの句を示せば、「私たちを生きるものとして覚えてください。生を喜ばれる王よ。私たち（の名前）をいのちの書にお記しください。あなたのために。生きるものの神よ！」。「あなたのために」には、「私はたびたび罪を犯してゆるされようもありませんが、神自身の御名を高めるために」という意がこめられている。この項目は手島勲矢

氏のご教示による。

[92]「である」から「べし」はひきだせない　通常、ヒューム（David Hume 1711-1776）に由来するとされる考え。実際にそのとおりである、そうなっているという事実だけを根拠にして、こうであるべきだという当為や、こうであることがよいといった価値を含む結論は引き出せないという指摘。「『である』から『べし』はひきだせない」のほか、「存在から当為はひきだせない」「事実から規範や価値はひきだせない」などと表現され、さらに二〇世紀に入って、ムーア（George Edward Moore 1873-1958）によって自然主義的誤謬と名づけられた。自然主義的誤謬はその意味内容も含めて、二〇世紀の哲学、倫理学で争点となったテーマのひとつだったが、存在と規範ないし価値とを峻別するその基調は動かなかった。この思潮にたいするヨーナスの反論は一七節に展開される。

[93] 私たちが聞くものは、みられた善きものからの呼びかけであり、そのなかに内在する実在への要求である　ヨーナスは『責任という原理』のなかで、「端的に事実として『ある』ことが『べし』と明らかに一体になっているような存在の範型」（PV:235/222）として乳飲み子の例を出した。「乳飲み子は、ただ息をしているだけで、周りの世界にたいして異論をはさめないしかたで、その世話をするようにという当為をつきつけている」。このとき世話をする責任が成り立つのは、乳飲み子を愛しているからでも、乳飲み子が将来に人格となるからでもなく、世話をしなければ乳飲み子の生命つまり存在が脅かされ、したがって乳飲み子の存否を左右する力がこちらにあるからである。乳飲み子をみただけで、生き続けること（実在）への要請、それが存続することの善とそのために乳飲み子を目にした者がそれを世話すべき責任との承認が迫ってくる。「みよ、君にはわかっている」（PV:236/224）。この例では乳飲み子だが、善きものはむろん人間の子どもにかぎらない。ヨーナスによれば、善とは目的をもつものが目的を達成することだからである。

[94] 私たちにたいしてそれ自身では無力な神的なるもの　人間は善にも悪にもむかいうる存在であるにしても、神的なるものが世界の進行を世界自身にゆだねたからには、世界の一部である人間についても人間自身でこと

を決するようにまかせなくてはならない。そのために神的なものは人間に力を行使するのを控えており、それゆえに無力である。

[95] エティ・ヒレスム　Etty Hillesum (1914-1943). オランダ南西部のミデルブルフに生まれる。アムステルダム大学で法学を学ぶ。反ファシズムの学生グループに所属し、ドイツ系ユダヤ人難民のユリウス・シュピアー (Julius Spier 1887-1942) の影響でリルケと聖書に親しみ、またシュピアーの勧めで日記をつけ始めた。一九四二年夏からウェステルボルク収容所で働き、この期間に手紙を多く遺した。そのうち二通は匿名のまま、戦時中にオランダ抵抗運動によって公表された。救い出された日記と手紙が公刊されたのは、ヨーナスが記しているように、ほぼ四〇年たった一九八一年からのことである。

[96] ウェステルボルク　Westerbork. 一九三九年にドイツ系ユダヤ人難民が収容所され、一九四二年からはオランダのユダヤ人をアウシュヴィッツ、ソビボール、テレージエンシュタット、ベルゲン‐ベルゼンの収容所に移送するための中継地点として利用された。ナチス親衛隊の突撃隊長ゲメカーの指令のもとにおかれ、ゲメカーは収容者に強制労働を課した。強制労働のなかには、収容された芸術家たちによるコンサート、演劇などもあったが、移送リストの編成、移送規則の作成も収容者に課せられた。一九四五年四月一二日に連合軍によって解放されるまで、約十万人のユダヤ人がここから移送された。

[97] 聖務停止処分　Interdikt. カトリックの用語で、秘蹟の授与を停止するなどの処分をいう。ヨーナスがここでこの語を用いているのは、直後にあるように、形而上学の禁止、自然主義的誤謬が「信仰箇条」並みにあつかわれていて、それに違反する者は聖務（ここでは哲学）をする資格を疑われる風潮にあることへの彼の批判ゆえである。

[98] フッサール　Edmund Husserl (1859-1938). ドイツのユダヤ人哲学者。現象学の創始者。中期においては、デカルトの普遍的懐疑の方法を踏襲して、世界の存在が疑われるとしても、なお残る「我思う」を純粋意識（経験的なものをすっかり捨象しているという意味で純粋という）としてとりだした。生活世界は後期の概念で、

ヨーナスがここで批判しているほど、後期フッサールにおいて中期の純粋意識への依拠が続いているかどうかは解釈の争点だろうが、しかしいずれにしても、純粋性、無前提性への要請がフッサール哲学に終生働いていたことはたしかであろう。

[99] 構築すらされる　意識の働きをいう「構成」にたいして、現象学では、「構築」という語には、意識の体験に与えられていないことを用いて、したがって体験にもとづくという正統性のないままに捏造するニュアンスがこめられている。

[100] ただ物理学者だけはその物理学から形而上学を作り出さないように、すなわち物理学者に認識される現実を現実全体だと唱えないように気をつけなくてはならない　目的や価値を捨象した近代の自然観を形成したのが古典力学（物理学）であり、さらには、物理学の方法を社会分析にあてはめる物理学主義——一八世紀のサン・シモンや一九世紀のコント、さらに本章訳註［102］のウィーン学団のノイラートなど——にみられるように、物理学が科学的方法の範型とされてきたという歴史的経緯のほかに、物理学（Physics）がもともとは「自然学」を意味していたことに留意すべきだろう。

[101] おかしなことに、それだけがゆるされていることであるかのように　ヨーナスが勤めていたニュースクール・フォー・ソーシャル・リサーチの同僚がシカゴ大学に勤める哲学者にヨーナスとアーレントの哲学について尋ねたところ、「ああいうのは哲学ではありません」という答えが返ってきたという。ヨーナスはこの話を聞いてふきだすのだが、その哲学者は「言語分析と形式論理学」を念頭において、哲学は「主題とする領域が厳密に定義された実証科学のひとつ」だと考えていたと記している（E: 336）。

[102] ウィーン学団　シュリック（Moritz Schlick 1882-1936）、カルナップ（Rudolf Carnap 1891-1970）、ノイラート（Otto Neurath 1882-1945）らを中心とする哲学者のグループ。一九二八年にウィーンでマッハ協会を設立し、活動の拠点としたのでこの名がある。一九三八年にナチスによって解散。メンバーの多くは英米圏に亡命した。第一章訳註形而上学を否定し、哲学の任務は科学についての哲学、言語分析、記号論理学にあると考えた。第一章訳註

［11］の論理実証主義はこの学団の思想から生まれた。したがって、ここで展開されているヨーナスの哲学観とは真っ向から対立する思想である。

［103］クリスティアン・モルゲンシュテルン　Christian Morgenstern（1871-1914）．ドイツの詩人。詩集『絞首台の歌』など。

［104］カール・セーガン　Carl Sagan（1934-1996）．アメリカの天文学者。地球以外の知的生命の存在を探索する事業SETIの推進に貢献。宇宙に関する啓蒙的な書物を多く著した。

［105］バートランド・ラッセル　Bertrand Arthur William Russell（1872-1970）．イギリスの哲学者、数学者。ホワイトヘッドと『プリンキピア・マテマティカ』を著し、論理学に貢献した。一九世紀末の一時期に、イギリス哲学はヘーゲルの影響が強かったが、従来のイギリス哲学の伝統である経験論、分析的な傾向を復活させた。

ハンス・ヨーナスの生涯

品川哲彦

メンヒェングラートバハ。オランダ国境に接する、ライ、ン、ラ、ン、ト、の、マ、ン、チ、ェ、ス、タ、ー、の異名をとる紡績都市。中央駅から南西へ登り坂をたどっていくと、芝生に覆われた小公園がある。そこに、この町に生まれ、一九八七年に名誉市民の称号を授与されたハンス・ヨーナスの銅像がある。ハンス・K・ブルゲフの手になるこの像は二メートル余の高さの円柱の上に立てられているが、像本体は生前の哲学者を写して小柄だ。両手を広げ、左足を放り出すように前に踏み出した飄然たる足取り。首にはマフラー、コートの裾が風に翻っている。なにぶんヨーナスは北にむかって歩いているのだ。背を伸ばし、顔はうつむき加減。けれども、微笑をたたえている。彼の述懐が思い出される。「むろん、この世界にはさまざまに恐ろしいことが起きている。だが、世界は私にとってけっして敵対的な場所ではなかった」（E: 181）。円柱の根元には、Verantwortung（責任）と彼を一躍高名にした倫理理論の原理が刻まれている。

彼の名を冠したこの公園に沿って登れば、アルテ・マルクト（旧市場）。そこには、市役所やアルタイベルク修道院が、彼の子どものころと変わらず、立っている。さらに北北東に二〇分ほど歩けば、モーツァルト通り九番地に、彼が少年時代を過ごした黄色い瀟洒なヴィラ風の家も健在である。けれども、彼の一族の通ったシナゴーグは水晶の夜に破壊されてもはやない。その跡に建った図書館のまえに礎石を残すのみだ。メンヒェングラートバハはたしかにヨーナスの生地である。しかし、彼は晩年、テレビ

ヨーナスの子ども時代に過ごした家

のインタヴューでこういう問答をかわしている。「あなたのハイマートはどこですか」。ハイマートは故郷を意味するが、生地にかぎらず、安住の地の意に近い。彼は確答を避け、こう語った。「一度決意して、私にとってのハイマートのようなものをもとうとしました」(EV:22)。それはパレスチナをさしているが、「もとうとしました」とは微妙な言い回しである。ナチスの支配を逃れた移住先は安住の地ではなかった。また、八十歳代半ばのインタヴューではこう語っている。「哲学者であり、かつユダヤ人であるということには、緊張があります」(Koelbl:123)。哲学者は思惟にのみ忠実であるべきだから、自分が継承した遺産からも自由でなくてはならない。それゆえ、無神論的でなくてはならない。だが、ユダヤ人であることはユダヤの神への信仰と切り離せない。現実人生においても、哲学研究においても、二つの契機のいずれかがあるときには力を得、あるときには後景に退き、屈折の多い彼の人生を独自の結晶へと形作っている。その人生を少しばかりたどってみることにしよう。

〈ハンス・ヨーナス年譜〉

一九〇三年　五月十日、メンヒェングラートバハのユダヤ人紡績工場主の家庭の次男として誕生。

二一年　フッサールの名声にひかれてフライブルク大学に入学。当時、私講師だったハイデガーに魅了される。シオニストの学生グループに加入。二三年までベルリン大学で哲学を、ユダヤ学高等学院（第一章訳註［3］参照）でユダヤ学を聴講。シオニストの学生グループで活動。

二四年　前年にマールブルク大学教授に着任していたハイデガーを追ってマールブルク大学に移り、ハイデガーとプロテスタント神学者ブルトマンの指導を受ける。アーレントと相知り、深い友情を結ぶ。

二八年　グノーシス研究で博士の学位を授与。

三三年　ヒトラーの政権掌握をうけてドイツ出国。いったんロンドンに滞在し、『グノーシスと古代末期の精神』第一部の公刊を準備し、翌年、ドイツで出版。

三五年　もともとの目的地だったパレスチナへ移住。

三六年　ユダヤ人入植にたいするアラブ人の反感高まる。エルサレム郊外で襲撃多し。自衛組織ハガナに入隊。夜間の警戒にあたるために、研究の推進に支障をきたす。

三八年　メンヒェングラートバハに残っていた父の死の報に接す。

三九年　第二次世界大戦の開始。パンフレット「われわれとこの戦争との関わり。ユダヤの男性諸君への一言」を起草。イギリス軍に志願。

四〇年　対空砲兵隊に所属し、パレスチナに駐屯。

四二年　ドイツにひとり残っていた母が強制移住させられたポーランドで死ぬ。ヨーナスが母の死を知ったのは四五年のことだった。

四三年　ドイツからのパレスチナ入植者ローレと、軍役の短い休暇に結婚。

四四年　英軍ユダヤ旅団に所属す。旅団はイタリア、オーストリア、ドイツを進み、ドイツ敗戦時には、生地にごく近いオランダの町に駐屯していた。

四五年　ドイツ敗戦。英軍兵士として占領下のドイツを訪れる。パレスチナ帰還。

四六年　ヘブライ大学の非常勤講師として、ようやくアカデミックな生活に戻る。

四八年　イスラエル独立。パレスチナ戦争（イスラエル側からいえば独立戦争）勃発。イスラエル軍砲兵隊士官として翌年まで従軍。

四九年　長女誕生。(『回想』では、四八年の叙述のなかに「焦眉の問題だった長女の誕生」(E:245)とあるためか、同書の年譜では長女の誕生を四八年としているが (E:477)、テレビ番組のインタヴューに答えたヨーナス自身の発言から四九年とする (EV:74))。レディ・デービス基金によってカナダのマッギル大学で教える。

五〇年　オタワのカールトン大学で初めて大学に専任職の地位を得る。長男誕生。

五一年　エルサレムのヘブライ大学から翌年秋に哲学教授に就任するように招聘されたが、これを断る（『回想』年譜では、着任予定時をとって五二年としているが（E:477）、同書所収の学長宛書簡の日付五一年十月三日（E:452）のほうを採って五一年とする）。招聘に尽力したショーレムの怒りを買う。

五五年　ニューヨークのニュースクール・フォー・ソーシャル・リサーチ校教授に着任（七六年退任）。次女誕生。

五八年　英語による著作『グノーシスの宗教』を公刊。

六四年　ハイデガーの神学への寄与を主題とする国際会議（ドリュー大学）での招待講演「ハイデガーと神学」でハイデガー批判。ドイツ各地に招かれ、同様の講演をする。

六六年　有機体哲学に関する主著『生命という現象』を公刊。この著がひとつの機縁となり、人体実験、脳死、臓器移植についての講演や発言を求められるようになる。

六九年　アメリカの生命倫理学の研究拠点のひとつとして設立されたヘイスティングス・センターのフェロー（研究員）となる。

七九年　ドイツ語による著作『責任という原理』公刊。とくにドイツで脚光を浴びる。

八四年　テュービンゲン大学からレオポルド・ルーカス博士賞受賞。記念講演「アウシュヴィッツ以後の神概念」。

八五年　『技術、医療、倫理学』を公刊。
八七年　ドイツ書籍流通平和賞受賞。
九一年　コンスタンツ大学名誉教授。
九二年　ベルリン自由大学名誉教授。『哲学的研究と形而上学的推測』を公刊。
九三年　一月三十日に『責任という原理』によってノニーノ賞（イタリアで出版された優れた翻訳に贈られる）受賞。二月五日にニューヨーク郊外のニューロッシェルで死去。
九八年　ベルリン自由大学にハンス・ヨーナス・ツェントルムが設置される。
二〇〇八年　ハンス・ヨーナス・ツェントルムから選集が刊行されはじめる。

一　父の世代と子の世代——少年時代からドイツ出国まで

ヨーナスが生まれ育った時代のドイツは、ユダヤ人にとってどのような状況だったろうか。ユダヤ人が市民として平等な地位を認められるのは、一八世紀、啓蒙時代のことである。その嚆矢はフランス革命の人権宣言だった。この思想はナポレオンによる占領をとおしてドイツに流入し、一八一二年、プロシアでもユダヤ人に平等な市民としての地位を認める勅令が発布される。以後、「解放」政策はドイツの他の領邦に普及していった。他方、一八世紀のドイツでは、ユダヤのなかにも近代化の動きが始まっていた。啓蒙哲学者メンデルスゾーンは寛容を説き、ユダヤ教とキリスト教の綜合を図った。ユダヤ教の儀式や生活慣習も改革された。ユダヤ教だけでなくキリスト教も教えるユダヤ自由学校も設立された。

近代化にたいしてはユダヤ正統派のなかに強い反発が生まれ、他方、反セム主義は何度も社会生活のなかで頭をもたげた。けれども、一九世紀のドイツには前世紀の啓蒙の精神が徐々に浸透し、医師ヨハン・ヤコービのいう「ユダヤ人であり、同時にドイツ人である」(Jüdisches Museum Berlin: 93) こと——あるいは、ヨーナスが彼の父のアイデンティティにふれて語った「ユダヤの信仰をもつドイツ国民」(EV: 33) であること——が可能になりつつあった。

ヨーナス家は一八一五年にエッセン近郊の町ボルケンに織物会社を設立した。早くに家業を継いだヨーナスの父グスタフの奮闘もあって、九六年にメンヒェングラートバハに進出し、リネンとダマスク織の工場を経営していた。メンヒェングラートバハの名家について記した書物によれば、グスタフは六八年生まれ。一九〇〇年に七歳年下のローザ・ホロヴィッツと結婚する (Erchens: 446)。当時として晩婚なのは、夫は家長として弟妹を育て上げ、妻は母の死後、主婦の役目を果たしていたからである。〇三年、ヨーナスはこの豊かなユダヤ人家庭に次男として生まれた。十四歳で病死する一歳年上の兄と、弟がひとりいた。

母ローザはラビの娘だった。こういえば、父方が近代を、母方が伝統を代表するようにみえるが、相反する要素を抱えたヨーナスの人生はここでも交錯がみられる。母は実父の厳格なユダヤ式の食生活を窮屈に感じ、父は重要な祭日には出張先でも戒律を守った。ヨーナスは自分に影響力のあった親類をふたりあげているが、そのうち、母方の伯父、ラビの息子が啓蒙主義者だったのにたいして、父方の大叔父は実業のひとだったが、シナゴーグでの儀式に厳格に連なり、とりわけ贖罪の日の儀式では、気が散りかけると、手の爪を押してその白く変色した部分をみて死を念頭に浮かべるという信仰心の厚いひとだった。母方の祖父はラビでも自由主義的だったが、父方は正統派ユダヤ教徒の気風だったのである。近代社会への同化とユダヤの伝統の墨守が共存していた。ヨーナスはキリスト教徒の友人の家に招かれたが、ヨーナス家はユダヤ人ではない客を親しく招くことはなかった。ヨーナスは一般の学校に通ったが、ユダヤ人は学級に彼ひとりだった。級友とは不和でなかったが、ヨーナスは自分の「非帰属感」(EV:29) をも感じていた。

第一次世界大戦は、あとからみれば、ユダヤ人にとってドイツ社会の大きな曲がり角であった。ヨーナスの六、七歳年長のいとこは病身にもかかわらず、志願して前線に出た (E:30)。中流階級のユダヤ人の志願率は高かった。哲学徒のなかでは、六歳上のカール・レーヴィット——ハイデガーに師事し、ニュースクール・フォー・ソーシャル・リサーチ校ではヨーナスの前任者にあたる——が開戦の年に陸軍に志願し、瀕死の重傷を負った。ドイツのユダヤ人は十万人が動員され、一万二千人が戦死した (トラヴェルソ:39)。十万人は当時のユダヤ人口の二割にあたり、その出征率はドイツ人一般より高かった (芝:11)。順応した、ないしは、順応できたユダヤ人にとって、ドイツは愛する祖国であり、その愛国心は自分たちの他者性を自覚しているがゆえにいっそう熾烈になった。だが、ドイツのユダヤ人が愛国心をもてたのはこの時期までだった。

まことにひとりの人間が生きる条件は数年の差によって大きく変わってくる。ギムナジウムの教師が

「魚雷攻撃で英軍兵士がたくさん溺死するといいが」と語った。十五歳のヨーナスは尋ねた。「そういうことを望んでもよいものでしょうか」。教師はユダヤ人生徒に問い返した。「キリスト教徒的でないというのだね」。「人間的だとは思いません」（E:49）。教師は赤面して生徒の正しさを認めた。ただし、ドイツ兵士を思えば残酷になるとも付け加えた。ヨーナスは反論できなかったが、心中、ユダヤ人であることをあらためて自覚していた。同年、ドイツは敗北し、ドイツ帝国は崩壊する。厳しい賠償を求められたヴェルサイユ体制のもとで、敗戦の理由に「国内にいた背後からの一刺し」としてユダヤ人の存在が——ユダヤ人の歴史にしばしばあったように、またしてもスケープゴートとして——指呼されることとなる。その時期に十代後半から二十代前半を迎えたユダヤ人の世代に、ドイツにたいする祖国愛が育つはずはなかった。ユダヤ人学生の多くが医学や法学のような職業に直結する学問を選ぶなかで、家業のために大学進学をあきらめたことを生涯残念に思い、読書家だった父の理解のもとに、ヨーナスは哲学を、しかも望みの年月だけ学ぶことがゆるされた。二一年、ヨーナスはフッサールの令名にひかれてフライブルク大学に入学し、学生を哲学的思索に引き込んでやまない魅力あふれる若い講師ハイデガーを知ることとなる。だが、彼の関心は学問ばかりにはなかった。大学入学の年にシオニスト学生組合であるIVRIAに加入し、翌年ユダヤ学を学ぶためにベルリンに赴くと、シオニスト学生組合マカベアと同じく学生組合のユダヤ組合連合に参加し、シオニスト学生集団の大同団結の動きに尽力する。このなかでレオ・シュトラウスらと相知り、のちに親交を結ぶゲルショム・ショーレムの存在を知る。

　シオニズムは、一八九四年にフランスで起きたユダヤ人軍人の冤罪事件、ドレフュス事件をきっかけに、ブダペスト出身のテーオドール・ヘルツルが提唱し、パレスチナにユダヤ人国家を建設することを目的とした。九七年に第一回大会が開かれ、四年後にユダヤ民族基金が設立され、それによって〇七年からユダヤ人が入植するためにパレスチナの土地が購入され始めた。ヘルツルはパレスチナを版図としていたオスマン帝国と交渉して実らぬままに死去したが、第一次世界大戦はこの点でも大きな転機となった。一七年、イギリスの外相バルフォアはシオニスト連盟会長でユダヤ系銀行家のロスチャイルド卿に、パレスチナにおけるユダヤ人国家の建設を支持する旨、書簡を送った。これはアラブむけの協定とも、フランスやロシアむけの協定とも矛盾する二枚舌、三枚舌の外交政策だったが、そこへ第一次世界大戦でドイツに与したオスマン帝国が敗北すると、二二年、パレスチナはイギリス委任統治領となり、バルフォア宣言はにわかに現実味を帯びてきた。同じ年、ドイツ国内では、ヴェルサイユ体制の厳しい賠償を履行する政策を推進していたユダヤ出身のラーテナウ外相が極右に暗殺された。大学二年生だったヨーナスは暗殺の背景にある反セム主義に鋭く反発した。シオニストの学生たちは、むろん、戦後のインフレに苦しんだにちがいないが、しかし「ヴェルサイユ条約は自分たちではなく、ドイツ民族の問題だと感じ」ていて、この条約がパレスチナに「ユダヤ民族の安住の地を建設する権利を国際的に支えている」という「そのかぎりで私たちはこの条約を支持していた」(E: 90-91)。彼らにとって、祖国はもはやパレスチナだったのである。

だが、シオニズムへの傾倒は父の逆鱗にふれた。豊かな工業都市メンヒェングラートバハに同化したユダヤ住民約一二〇〇人のなかで、彼は唯一のシオニストだった。シオニズムはユダヤ人の当然の選択ではなく、妄想に近く、父によれば、息子は「低い階層に身を落とした」(E:73) のだった。これは世界史的な対立といってもよい。反動と差別に抗いながら着々と市民としての地歩を占めてきたユダヤ人の後ろ盾は近代の啓蒙であり、シオニズムは啓蒙によっては解消できない(反セム主義の民族主義に対抗するユダヤの)民族主義だった。それはまたユダヤ人の帰属意識の分裂でもあった。啓蒙に与するユダヤ人はシオニストを「ドイツ国民であることへの裏切り」(同前)と非難し、シオニストはレオン・ピンスカーのいう「どこにもいるが、どこも故国ではない」(Jüdisches Museum Berlin:128) ユダヤ人の疎外感を代表していた。ヨーナスの父のような順応し成功した世代には、築き上げ、失うものがあったが、子の世代と高い収入や地位を得ていない者とには、現在の抑鬱と暗い未来の予想しかなかった。あとからみれば、親の世代の期待は破砕された。三五年のニュルンベルク法にみるように、彼らが自分たちは国民の一員だと意識していたその国は法のもとに彼らの市民権を否定し、財産を剝奪(アーリア化)したからである。ヨーナスは母からの聞き伝えとして、「あなたの息子さんは正しかった。真の預言者です」というユダヤ婦人のことばを書きとめている(E:73)。

けれども、若いシオニストとしてヨーナスが描いていた夢は、現実のヨーナスにはそぐわぬものだった。パレスチナに入植し、農業に従事し、国の礎を作る――その準備のためにシオニストの若者は農業実習を体験した。ヨーナスは所属する学生組織のなかでただひとり志願して、半年間熱心に学ぶが、農場主の目からみても、当の本人からみても、肉体労働より頭脳労働のほうがむいていた(E:107)。彼はまた、ロシアや東欧から逃れてきた貧しいユダヤ人たちに接して、パレスチナの新たなユダヤ人共同体を担うのはこうした大衆であって、自分たちではないと感じる（E: 100）。

こうして彼は哲学に帰る。ハイデガーが教授に就任していたマールブルク大学に赴き、そこでもうひとりの師を見出す。新約聖書の歴史的解釈で知られるブルトマンである。ブルトマンの演習を受講しているユダヤ人学生がふたりいた。ひとりはヨーナス。もうひとりはハンナ・アーレント。三歳下のこの女子学生は聡明で犀利な一面、傷つきやすかった。ある日、ふたりで食事をしていると、男子学生がつかつかと歩み寄ってきた。「ご一緒してもよろしいですか」。美貌のアーレントが目当てだろう。アーレントの目に怯えが走った。「いえ（ナイン）」。ヨーナスが断った。学生は軍隊風な一礼をして立ち去った。「ありがとう」。アーレントがつぶやいた。だが、ふたりのあいだに恋愛関係は生まれない。ヨーナスはアーレントの「相談相手」だった――アーレントの口からハイデガーに求愛されたときのようすを打ち明けられたほどに（E: 111-115）。ふたりのあいだの友情は――アーレントの『エルサレムのアイヒマン』をめぐって二年間の断絶はあるものの――終生続くことになる。

そのほかマールブルクでのヨーナスの交友関係のなかに、哲学者ではレーヴィット、ハンス・G・ガダマー、ゲルハルト・クリューガー、ギュンター・アンデルス（アーレントの最初の夫でもある）、作家となったゲルハルト・ネーベルらの名を数えることができる。こうして、ハイデガーとブルトマンとの指導のもとに、二八年、ヨーナスはグノーシス研究で学位を得る。彼のグノーシス研究の内容についてはのちに述べることにしよう。

二　足かけ八年にわたる軍役——ドイツ出国、パレスチナ移住、イスラエル出国

三三年、ヒトラーが首相に就任した。知識人の多くと同様、ヨーナスはヒトラーを軽侮していた。だが、認識は一変した。四月一日、ナチス突撃隊がユダヤ人の商店、医師、弁護士にたいするボイコットを煽動したからだ。ヨーナスはこれをみてドイツ出国を決意する。「私はひそかに誓った。もう二度と帰ることはないだろう、占領軍兵士としてでなければ、と」(E:132)。公然たるボイコットによって、生計の道は断たれつつあった。ヨーナスは両親にも出国を勧めるが、すでに病身の父は肯んじなかった。同じ月、彼の師ハイデガーはフライブルク大学総長に就任し、ナチスに加担する。八月末、ヨーナスはドイツを後にする。

いったんロンドンに寄留して、『グノーシスと古代末期の精神』第一部の執筆にいそしむ。ロンドンに滞在していた六歳年長のショーレムに草稿を送ると、「章を追うごとに、この作品とその独創性への賛嘆が増すばかりです」(E:149) と激励した。翌年、同書はゲッティンゲンのファンデンヘック・ルプレヒト社から刊行された。マルティン・ブーバーが「この時代の精神史に関する書物のなかで最も重要なひとつ」(同前) と書を寄せてくれた。三五年、ヨーナスはエルサレムに移住する。そこには、ショーレム、古典文献学者ハンス・レヴィ、コプト語のマニ教典の研究者ハンス・J・ポロツキーらがいて、篤い友情を育んだ。すでに三十代ではあったが、ヨーナスのこの時代への回顧には青春の熱狂を思わせるものがある。ただ、ヘブライ大学で授業をもっていたにしても、ヨーナスに定職はなかった。ヘブライ大学での講義はヘブライ語で行なう規定があり、彼はそれに苦労した。

グノーシス研究の円滑な続行を妨げる事情はほかにもあった。ユダヤ人のパレスチナ移住に反発するアラブ人による襲撃がエルサレム郊外で頻発した。ヨーナスは自衛組織ハガナに入隊し、夜間、郊外に散在する民家の警備にあたった。三八年、メンヒェングラートバハの父が病死する。残された母はパレスチナ移住の準備を整えていたが、おりから一一月九日、ナチス突撃隊がユダヤ人商店や家屋、シナゴーグを破壊した水晶の夜に、ヨーナスの弟が捕縛され、強制収容所に送られた。当時、旅券があれば、強制収容所からの解放は可能だった。母は末息子に旅券を譲った。ヨーナスは八方手を尽くしたものの、ふたたび旅券が手に入らぬうちに、翌年九月、英仏はドイツに宣戦し、母が出国する策は尽きた。

英仏が宣戦するや、ヨーナスは仲間とともにパンフレットを発行し、ユダヤ人男性たちに対独参戦を呼びかけた。「われわれとこの戦争との関わり。ユダヤの男性諸君への一言」と題する文書がそれである。さらにまた、英軍や国際的なユダヤ人組織であるユダヤ機関や仏軍に働きかけてユダヤ人部隊の編成をも画策した。英軍とユダヤ機関は政治的理由から提案にのらなかった。イギリスはユダヤ人の入植に反対する声を強めつつあるアラブを刺激したくなかった。ユダヤ機関はパレスチナ在住のユダヤ人の自己防衛を優先したかった。フランスは外人部隊の可能性を示唆したが、ダビデの印の旗を掲げるユダヤ人部隊には承諾しなかった。三九年、ヨーナスは英軍に志願する。パレスチナの対空砲兵中隊に配属した。学生時代のシオニストの熱情がふたたびヨーナスのなかで燃えあがったようにみえる。けれども、シオニストがすべて対独戦に参加したわけではない。パレスチナに移住したユダヤ人の学者たちのなかで従軍に志願したのは彼ひとりだった。ヨーナスにしても、訓練を経ての入隊時にはすでに三十七歳のいわば老兵である。不利な戦況のもと、英軍はついにユダヤ旅団を編成した。ヨーナスは素志がかない、四四年、その一員に転属した。

ヨーナスの視点からすれば、対ナチス・ドイツ戦争は自己防衛にほかならなかった。「われわれとこの戦争との関わり」から引こう。「世界の原理への拡大に努めているナチの原理は、われわれの人間の尊厳と同時にわれわれが地上にただ現存するだけの可能性すら狙いの中心に定めている。われわれはナチの原理の形而上学的な敵なのだ」(E:188)。ヒトラーの首相就任以来、ユダヤ人の公職追放、市民権の剝奪、財産の没収、水晶の夜。法のもとに着々とドイツ在住のユダヤ人の人間の尊厳は奪われてきた。とはいえ、ヨーナスが「現存の可能性」に言及し、また別の箇所でははっきりと「ナチの反セム主義が意味するものは絶滅しかありえない」(E:190) と記しているのは注目に値する。三九年一月時点でヒトラーはすでに「ヨーロッパにおけるユダヤ民族の絶滅」を構想していたが、三九年は外面的には、ユダヤ人への住居の賃貸契約を猶予なしに解約できる法律を制定してゲットー化を進める段階だった。収容所に最初のガス室が設置されたのは四一年だった。ヨーナス自身にしても、ナチスによるユダヤ人迫害の予想以上の惨状に実際に接したのは、四五年、ユダヤ旅団での進軍の途上、アウグスブルク近郊で強制収容所から解放されたポーランド出身のユダヤ人たちに出会ったときであった。市民権が奪われた以上、生命の保証も脅かされるおそれまで推論を進めうるとしても、多くのひとは思いおよばぬか、思いついてもあえてみずから否定しがちであろう。起こりうる恐怖の事態にたいするヨーナスの洞察力――それは、後年、彼が地球規模での生態系破壊の致命的な進行を事前に食い止めるために提唱した「恐怖の発見法」（PV:63/49）の発想につながるものであろう——を例証している。ユダヤ人のいない世界の実現がナチスの形而上学である以上、他の人種以上に、ユダヤ人こそ対ナチス・ドイツ戦争に立ち上がる責務がある。それが彼の「ユダヤの男性諸君への一言」だった。

旅団はイタリアで一度激しい戦闘を経験し、オーストリアに進み、ドイツを通過し、爆撃によって廃墟と化した町をみる。「私はその感情を二度と体験したくはないが、隠すつもりもない——歓呼の声のとびでる、満ち足りた、少なくとも半ばは満ち足りた復讐の感情だった」（E:216）。旅団はオランダに駐屯した。そこは生地に近い、子どものころに自転車で遊びにきた町だった。ドイツ出国時の誓いどおり、ヨーナスは占領軍の兵士としてドイツに帰ってきたわけである。彼の気がかりは母の安否であった。英独が戦争状態に入ったあとも、ヨーナスはオランダの親類を経由して母と文通を続けていたが、四〇年にドイツがオランダに侵攻するとそれもできなくなっていた。その後の母の消息については、すでに英軍兵士となっていたヨーナスのもとに、赤十字を介して、母がドイツから強制移住させられて、ポーランドのウッチ（ドイツ語読みではロッズ。ユダヤ人ゲットーが設営され、四一年に二万五千人のユダヤ人が移送されたといわれている）のゲットーにいることが知らされたが、それ以降は何の手がかりもなかった。ヨーナスはメンヒエングラートバハのユダヤ人集会所を訪れる。シナゴーグは水晶の夜に破壊されてしまったので、急場しのぎに作られた集会所であった。すると、ヨーナスと知ってひとりの女性が近づいてきた。「私はロッズであなたのお母さんと一緒でした。でも、お母さんは一九四二年にアウシュヴィッツに移送されたのです」（E:221）。こうしてヨーナスは自分の母が強制収容所で殺されたと確信する。

＊私が二〇〇八年九月一六日にベルリンのユダヤ人犠牲者記念館でナチス圧政下のドイツにおけるユダヤ人犠牲者たちのデータベース（*Gedenkbuch — Opfer der Verfolgung der Juden unter der nationalsozialistischen Gewaltherrschaft in Deutschland 1933-1945*）で調べたところ、ローザ・ヨーナスについては、一九四二年五月二〇日にウッチで死んだと記載されている。もとよりいずれが真相かはここでは定められない。唯一確かなのは、ヨーナスが、母はアウシュヴィッツで殺されたとうけとめ、そのことは、生涯、「何かのはずみで嗚咽がほとばしる」（E:139）ほどに、ふさがらない傷口であったということである。

だが、悪いことばかりでもなかった。ファンデンヘック・ルプレヒト社は空襲のさなかにも『グノーシスと古代末期の精神』第一部の版型を守ってくれていた。戦後、ヨーナスがこの書肆から多くの本を出版したゆえんである。旧師のひとりと会うのは論外だったが、もうひとりの師ブルトマンとの再会は心温まるものだった。カント研究者ユリウス・エビングハウス教授も訪ねた。彼はナチス支配下でも節を屈しなかった。ヨーナスはその拠り所を尋ねた。「カントだよ」という答えが返ってきた。「突如として私は、生きた哲学とはどういうものかを悟った。（中略）哲学も公的な生活と行動にたいする義務を負っている。そのことを、カント哲学者は把握していたが、実存哲学者はそうでなかった」（E:241）。

ヨーナスの従軍体験は足掛け八年にわたる。英軍で砲術の訓練をうけ、戦争体験もあるヨーナスは第二次大戦後もイスラエル独立によって始まるパレスチナ戦争に砲兵隊士官として召集されたからである。ところが、彼はその二年間にはあまりふれていない。それを語る口調は英軍に志願したときと対照的に受動的である。「私は独立戦争に改めて引き入れられた。このたびはイスラエル軍である」（E:245）。だが、イスラエルはまさに彼の国だったのではないか。イスラエル軍はユダヤ人の国軍であったはずだ。ところが、イスラエル独立について語るとき、その叙述には、四十歳を過ぎてからようやく始まった家庭生活、数年の空白を経て取り戻した研究生活がふたたび妨げられた慨嘆の色が濃い。「パレスチナ分割に結論が出、イギリスが委任統治を引きあげる準備をしだすと、すべてが急に終わりました」(EV: 74)。本人の述懐では「エルサレムの防衛に小さな役割を果たして」(同前)、翌年、軍務から解放されたとき、ヨーナスはイスラエルを安住の地とは思わなくなりはじめる。その思いはテレビ番組のインタヴューのなかでこう吐露されている。「私たちの生きているあいだ、ここにはもはや平和はないだろう。というのも、アラブ世界が敗北を甘受し、私たちの存在と和解するようになるのは、この世代のうちには期待できないからだ。ここではなんらかのかたちで戦争状態がずっと続くか、そうでなくてもいずれにしても臨戦態勢がずっと続くのを覚悟しなくてはならない」(EV:75)。さらにそこへ長女が生まれた。ヘブライ大学に専任教員の空きはなかった。四九年、レオ・シュトラウスの推薦を受けてレディ・デービス基金によってモントリオールのマッギル大学に招かれたことは、卑俗な表現をすれば、渡りに船の申し出だったかもしれない。期間は一年間。それきりイスラエルから離れようと決心していたわけではなかった。ヘブライ大学の旧友ショーレムには依然として教授人事の動向を照会していた。他方、大西洋の両岸の七、八〇の大学にも打診した。五〇年五月、オタワのカールトン大学が応じてくれた。初めての専任職だった。長男が誕生した。

五一年九月、ヨーナスはヘブライ大学学長から教授招聘の文書をうけとった。逡巡のあげく、彼はこれを断った。尽力したショーレムには驚天動地の回答だった。ヨーナスは「シオニズムへの裏切り」という非難をうけた。しかし、その基調はイスラエルの独立とそれに続く戦争の時点ですでに始まっていたようにみえる。子育て――学長宛書簡では――「正常な条件で暮らしている家族を異常な状況に移すことは正当化できません」（E：453）――と安定した研究生活という前述の理由は、イスラエルの永続的な戦争状態への忌避を基盤としているからである。さらに、謝絶の手紙には書けない理由もあった。「イスラエルから去ることは、私が将来何をしようとも完全な自由を得る機会だった」（E：265）。

学問を志した者が良好な研究環境を望むのは当然である。カナダからさらに移ったアメリカについて、ヨーナスはこう語っている。「現代社会の巨大な折衷、さまざまな思想教説、立場、方法の合流がアメリカではたえず起きています。あらゆるものがそこではその場を得るのです」（EV：77）。見方を変えれば、若い時期にシオニズムに傾倒した彼は、中年の哲学者として、思想信条の自由を何より重視する啓蒙の精神に寄り添ったといえるのかもしれない。けれども、それではヨーナスにとってシオニズムとは何だったのだろうか。

シオニズムの素志はパレスチナにユダヤ人国家を建設することだった。イスラエル建国で、それは実現した。建国後、パレスチナ全体に領土を拡大しようとするベギンらの修正シオニズムが生まれ、現在ではシオニズムといえばこちらの連想のほうが強い。ヨーナスの場合、そのシオニズムはあくまで前者であって、後者ではなかった。だが、だからといって、彼が他のシオニスト以上にユダヤ人の入植によって脅かされるアラブ人の権益に配慮していたとはいえない。「アラブ人がバルフォア宣言にたいして、したがって始まりかけたユダヤ人入植と土地の購入にたいして力でもって反応するまで、私たちはアラブ人の存在をおおよそ看過していた。（中略）自分の恥をいわなくてはならないが、私もアラブ人のことを十分に考えてはいなかった」（E:76）。学生時代の回顧だが、筆はすぐに若いころのユダヤ人救済の夢想に転じる。彼がその後アラブについてどう考えたかにはふれられていない。パレスチナ入植後、自衛組織ハガナに入隊するが、実際の戦闘は体験しなかった。第二次大戦後、ヨーナスはアラブ人の村長からエルサレム郊外に家を借りた。そこでの生活は、イスラエル独立と戦争によって打ち破られるまで、牧歌的な懐かしさをもって回顧されている。ヨーナスによれば、アラブ人の村民とヨーナス夫妻の関係は友好的だった。

おそらくは、ヨーナスにとってシオニズムとは、何よりもまずドイツの反セム主義からユダヤ人が身を守ることのできる場の建設だった。ナチス・ドイツはユダヤ人と共存できない「形而上学的な敵」だった。これにたいして、アラブとイスラエルの関係はそのように認識されることはなかった。それはあくまで政治的な対立だった。だが、若きヨーナスのシオニズムは政治的主張でありながら、その対立をまさに政治の問題として咀嚼するような政治感覚を備えていなかったようにみえる。パレスチナが耐えうる入植者の人口、土地購入という合法的手段が巨大な資力を背景にすれば法外な手段になりうる可能性、パレスチナにユダヤ人の安住の地を建設するというヴェルサイユ体制下での「権利」がユダヤ系の資力を根底にした力関係の産物であること、逆に、イギリスがアラブ側と密約したフサイン＝マクマホン協定は同等の力をもちえなかったこと——それらの問題は主題化されていない。狂信的な政治的主張なら、冷静な政治的省察は望めない。ヨーナスは狂信的なシオニストではない。けれども、彼の語彙と発想は、政治的な分析よりも、哲学的、形而上学的、さらには宗教的、倫理的な定式化のほうに傾いていた。

この点に関連して付言しておく。ヨーナスは「われわれとこの戦争との関わり」のなかで「この戦争は、比喩的にいえば、現代の最初の宗教戦争である」(E:194) と記している。ヨーナスが対置したのは、ヘブライからキリスト教をへて合理的で人間的な近代ヨーロッパ文明に継承されてきた「人間性」(同前)の立場と、これを否定する「最も深い意味で異端」「人間蔑視の力のカルト」としてのナチスだった。前者の共通の地盤は「人間の倫理化」(E:195) とされる。参戦を呼びかける政治文書だから、表現は当然煽動的である。だが、彼がナチスを人間蔑視と断じるのは、ある人種全体をその人種であるがゆえに殲滅することを意図しているからであろう。歴史的事実として、その人種はユダヤ人だが、ユダヤ人の敵であるというたんなる民族主義的な理由でナチスを断罪しているわけではない。この点にふれたのは、イスラエル建国後、ユダヤ人と敵対する点でアラブをナチズムと同視する政治的煽動が用いられ、さらに二一世紀に入ってますます、宗教戦争という比喩が政治的経済的歴史的対立を糊塗するために使われるようになっているからだ。しかし、そのためにヨーナスの先の表現を援用したり、非難したりするとすれば、いずれもあたらない。

とまれ、イスラエルを去って「何をするにも完全な自由」を求めたことは、哲学者ヨーナスにとっては適切な選択であったろう。というのも、哲学者であり、同時にユダヤ人であることに緊張があるにしても、その緊張は自由のなかでいっそう生産的でありうるからだ。たしかに、彼はハイマートを手に入れることはできなかった。しかし、哲学が、彼のいうように、継承した遺産からの自由を要請する以上、彼が哲学者であるかぎり、少年時代と中身はちがえ、「非帰属感」を抱きつづけるさだめにあったのである。

三　グノーシス研究からハイデガーへの訣別まで

ヨーナスの研究者としての経歴はグノーシス研究から始まる。

グノーシスの定義については、専門家のあいだでもなお論争があるが、およそこうまとめることは許されるだろう。すなわち、私たちが生きているこの世界は私たちと徹底的に敵対している。なぜなら、私たち——厳密にいえば私たちの魂ないし霊——はこの世界を作った創造主よりももっと気高い神に由来しているからだ。世界を超越する神的なものに由来するといわれる魂ないし霊には、ギリシア語では pneuma があてられて、この世界の創造主に由来し、したがって身体と結合している心 psyche と区別される。世界を超越する神の側からその神についての知（gnosis）を授けられることで、私たちはこの世界とこの世界の創造主の支配から逃れうる。すなわち救済される、と。とはいえ、こう概括しても、どの時期のどの思想をグノーシスに含め、どれを外すかという問題がなお残る。

ヨーナスがグノーシスに関心を抱いたのは、新約聖書をあつかうブルトマンのゼミにおいて『ヨハネ福音書』のなかの神の知（gnosis theou）の概念について報告する役目を引き受けたときだった。ヨーナスはこの課題からこの概念が生まれてきた宗教史的背景に視野を広げ、グノーシス研究に着手した(E:117)。それが博士論文につながり、ひいてはドイツ出国翌年に刊行された『グノーシスと古代末期の精神』第一部に、さらに長い軍役による空白を経て五四年に出版された第二部に結実していく。同書はドイツ語で書かれたまさに専門書だが、ヨーナスは五八年に英語で一般向けの『グノーシスの宗教』を著している。

ヨーナスの指導教員としてハイデガーもブルトマンもどちらも不可欠な存在だった。主指導教員はハイデガーだったが、研究内容についてはブルトマンが助言した。ブルトマン自身、ハイデガーの実存分析を自分の研究にとりいれたように、両者の関係はハイデガーのナチス協力をきっかけに冷え込むまでは円満で、ヨーナスはしっくり息の合ったふたりの師をもつことができた。ブルトマンは文体様式の分類をとおして新約聖書の成立史の研究を進めていた。科学的な方法で宗教を研究した学者として、ヨーナスはブルトマンに終生変わらぬ敬意を寄せている。ヨーナスは時代状況への関心をこの師から受け継ぐ。そこで彼は、従来、キリスト教の異端として位置づけられる傾向にあったグノーシスをこの対比から解放し、キリスト教もまたそこから生まれ出た時代に通底する精神として、したがって部分的にはキリスト教以前にまで遡って通底する精神として捉えようとした。その結果、『グノーシスと古代末期の精神』は、グノーシスについては、「従来、たとえ異端的キリスト教としてではあれ、キリスト教内部のものとみなされてきた現象を、今や、キリスト教の外部と内部いずれもが等しく共有する文化空間のなかで、際立って力を得ていた精神の方向性としてとりだす」ことができ、キリスト教については、「普異端から遍的で折衷主義的なグノーシスという拡大された概念が（慣用の意味で『グノーシス』的な）正統なキリスト教文書へ敷衍され、つまり遡っては（とりわけパウロとヨハネの観念世界と概念用語における）原キリスト教的なものへ、後世に向けては（とりわけアレクサンドリアの）ギリシア教父と初期修道院に敷衍されたために、たちまちのうちにキリスト教はその全体にわたって折衷主義の宗教史の一部となった」（GsG:1-2）と位置づけている。他方、ヨーナスの研究方法はハイデガーの実存分析に拠っている。私たちは世界についての理解、世界と自己との関係についての理解を手がかりにして生きているが、こうした理解は私たちが生きている歴史的な状況を支配している時代の精神によって制約されており、しかもその制約のなかから自分の可能性を選びとる。ヨーナスは『存在と時間』に展開された現存在、実存、被投的投企などの思想をグノーシス思想の生まれた時代に生きた主体に適用して解釈する。解釈者自身も現存在であることがこれを可能にする。それは特定の時代を対象とするゆえに「存在的で実証的な研究にとどまるけれども、特殊な哲学的企図となる」（GsG:14）。

とはいえ、この方法では、グノーシス的な世界理解ないし世界と自己との関係の理解をそれ以外の時代の歴史的状況にも見出す可能性もある。つまり、どの時代のどの思想をグノーシスと呼ぶかの境界は緩やかになる。実際、すぐあとにみるように、ヨーナスはグノーシスと共通の世界観を近代の存在論、とくに実存哲学に見出していく。この点、歴史的な厳密さを求める論者の批判を招く面がある。たとえば、筒井賢治はヨーナスが切り開いた歴史的展望の広がりを評価しつつも、「グノーシスを人間の精神的な姿勢に還元するというまさにその哲学的なアプローチによって、ヨーナスは『いつでもどこでもグノーシス』のような考え方にも道を開いてしまった」（筒井：207）と批判している。

五二年、ヨーナスは論文「グノーシス主義と近代のニヒリズム」を著した。これは『グノーシスの宗教』の第二版のなかに「エピローグ　グノーシス、実存主義、ニヒリズム」としてとりいれられた。そのなかでヨーナスは、「解釈学的機能が逆転し、相互的になった――錠が鍵となり、鍵が錠となった」（GR：321/429）と記している。ハイデガーの実存分析を鍵としてグノーシス思想の内奥に踏み込んだわけだが、逆に、後者が鍵となって前者が解明できるようにみえてきた。ヨーナスが両者に共通のものとして捉えたのは、「人間と人間が宿っているもの――世界――との絶対的な裂け目の感情」（GR：327/435）である。この感情はハイデガーに限定されない。宇宙の沈黙にたいするパスカルの戦慄。精神（思惟）と物質（延長）とのあいだにデカルトが設けた厳格な境界。ニーチェによる神の死の宣告。結局のところ、近代の存在論全体がグノーシスと共通点をもっている。自然のなかに価値と目的とを認めない機械論的自然観によって基礎づけられた近代の存在論と、この世界を人間の魂とは異質な劣悪な創造主によって創造されたものとみなすグノーシス思想は、世界からの人間の疎外という一面を共有することになるからである。この世界観は、しかしまた、自己の決断ないし選択それ自身が決断や選択を正当化するような倫理観を示唆している。世界が人間と対立するかぎり、人間は世界のどこからも人間のあるべきあり方をみてとることはできないからだ。いいかえれば、人間が自然の一部とみなされない以上、自然のなかに秩序づけられるべき自然本性をもたない。「自由に『自己投企する』超本質的な実存というこの考えのなかに、私は、pneuma の超 psyche 的否定性というグノーシスの考えに似たものをみる。自然本性をもたないものは規範をもたない」（GR：333-334/443）。

しかし、近代思想とグノーシス思想のあいだには違いがある。グノーシス思想には、世界の創造主ではなく、世界を超越している至高の神が想定され、それによって人間は救済される。マンダ教文献のなかのアダムは、至高神の使いの誘いにたいして、自分がこの大地を去ったあとに「この広い大地を世話する者」がいなくなることを心配して拒み、神の使いに「おまえの住んでいるこの場所を惜しがるな。この場所は荒地なのだから」（GR：87/124）とたしなめられる。こうして人間が向かうべき先は、この世界の外部にではあれ、示されている。逆にまた、人間がどこからこの世界に来たのかも示されている。人間がこの世界に生まれてしまったのが至高神の側のなんらかの失敗に起因するのか（いわゆるシリア・エジプト型のグノーシス神話）、それとも、至高神と対立して存在する悪しき闇の神が至高神との戦いのなかで至高神に由来する魂ないし霊にこの世界を構成する物質をまぜて人間を作り出したのか（いわゆるイラン型のグノーシス神話）、いずれにしてもグノーシスでは、人間の出自は説明される。ところが、ハイデガーは、人間がこの世界に投げ込まれている――ヨーナスによれば、この概念は「グノーシス的」（GR：334/444）である――と語るが、どこから投げ込まれているかは明らかではない。このことは何を意味しているだろうか。救済がない。神が想定されていないのだから救済がないのは当然としても、人間は自由に選択して行為する主体であるだけで、どこへむかって投企すべきか、何をすべきかが示されない。だがそれだけではない。ヨーナスによれば、そもそも被投性という表現自体が意味を失う。なぜなら、「投入者なき投入」となるからだ（GR：339/450）。

『グノーシスと古代末期の精神』から「グノーシス主義と近代のニヒリズム」まで、およそ二〇年が経過していた。「実存についてのハイデガーのいくつかの洞察がグノーシス思想家のなかにすでに形成されていただけでなく、ハイデガー自身が彼の思想のなかに現代のある種のグノーシス的現象を叙述していた――私がこの考えに気づいたのははるかのち、ハイデガーにたいする尊敬からすっかり解放されてからのことである」(E:119)。ハイデガー評価の転変した理由がハイデガーのナチス協力にあったことはいうまでもない。

ヨーナスにとって、ハイデガーがナチスに協力できたことは驚くべきことだった。ヨーナスによれば、哲学的思索はそのような愚行から哲学者を護るはずである。そうでありながら、同時代の傑出した哲学者としてヨーナスの認める人物がそれに関わった。どうしてそのようなことがありえたか。その理由は、『存在と時間』が説く決断が、ただ死への先駆的覚悟性によって肯定され、決断の中身を、それがたとえナチスへの協力であっても、裁可する規範をもたないからである。ヨーナスはそう解釈する。

六四年、ハイデガーの思想を神学に摂取しようとするプロテスタント神学者たちが学会を企画し、ヨーナスは講演に招かれた。ハイデガーの用いる、負い目、良心、呼び声、聴く、応答、隠れなさ、牧人等々の概念はキリスト教の伝統の概念と重なり合うものであり、一部の神学者を魅了していた。ところが聴衆の予想に反して、ヨーナスはハイデガーの思想が異教的だと指摘した。すなわち、後期ハイデガーの鍵概念である歴運、存在が歴史のなかにみずからを顕わすとは、つねなる啓示を意味している。しかし存在の呼びかけのどれに耳従うべきかの規範がない。神学的にいうなら正統と異端の区別がつかない。さらにハイデガーのいう存在は無名的であって、その呼びかけはキリスト教的な人格的(パーソナル)な呼びかけではない、と。ヨーナスはこうしめくくった。「人間がその兄弟を守る者であることがみじめにもできなかったときに、人間が存在の牧人として聖なる者とされるのは聞き入れがたい」(HT:229)。「兄弟の守り手」という表現は、兄弟を殺したカインが神にむけた反問、創世記四章九節の「私が兄弟の守り手だとでもいうのですか」を想起させる。カインのこの抗弁のなかに、逆説的に、人間のなすべき務めが示されている。「兄弟を守る者であることができなかった」は、当然、ショアー(ホロコースト)をさしている。人間はせいぜい存在者の守り手にすぎない。だとすれば、前述のマンダ教文献のアダム、「大地を世話する者」に「この土地は荒地だ」と告げる、世界を超越するごとき存在の語りはないのである。

求められて、ヨーナスは同じ主題の講演をドイツ各地でも行なった。テオドール・アドルノが熱心に聴き入った。エルンスト・ブロッホも聴衆のひとりだった。ハイデガーそのひとは彼の心酔者に「以前の弟子ヨーナスが私をひどく攻撃した。(中略)誰も私の側に立って立ち上がる者がいなかった」(E:308)とかこった。実際はそうでもなかった。ガダマーはヨーナスに、批判はまったく見当外れだと、ただし友情を重んじて私的に告げてきた。

ヨーナスはレーヴィットやガダマーと違い、学生時代からハイデガーと繁く交際したわけではなかった。六九年、彼はハイデガーと再会する。昔話だけした。ハイデガーは自分がナチスに協力した時期について釈明めいたことを語らなかった。ヨーナスのほうでもそれを期待してもいなかった。彼のハイデガー批判から推量すれば、規範がないところに反省や釈明、謝罪の生まれるはずはないからであろう。

会談後、ハイデガーはアーレントに「ヨーナスとの会話はとても楽しかった」と書き送った（Wiese : 210）。一方、ヨーナスはすでに人間と世界とを架橋する思索を展開していた。彼は師との格闘は終わったと感じていた。

四　生命の哲学から責任という原理へ

それでは、人間はどのようにしてこの世界のなかに位置づけられているのだろうか。その探究が、戦後、ヨーナスが新たに主題とした生命の哲学ないしは有機体の哲学だった。彼はこの主題を、哲学書を読むことのできない長い軍役のあいだ、ただ自分の頭のなかで温めてきた。激しい戦闘を繰り返したわけではなくとも、日常的な死の危険がその発想に影響したことは想像にかたくない。彼はその思索の跡を残すために、戦地から妻へあてた――「愛の手紙」とは別に「教えの手紙」と称する――手紙のなかに書き込んだ。『回想』のなかに、四四年一月三〇日付以降の数片の手紙を読むことができる（E : 348-383）。ここに始まる一連の思索は『生命という現象』（邦訳『生命の哲学』）として六六年に刊行される。

その生命哲学はおよそこうである。生き物が無生の物質と決定的に異なるのは代謝活動によってである。有機体は自己を維持するために自己の存在に必要不可欠な物質（質料）を摂取し、不要な物質を排出することで同一のかたち（形相）を保持する。ここに外界の支配からの自由、自己、内面が発生する。有機体は自己同一性に必要な物質を外界に依存しているのだから、生は存在と非存在との極性を孕んだ冒険である。有機体が獲得した自由はつねに物質の欠如に脅かされる「必需と一体の自由」（PL :

150/148）であり、有機体の自己と世界との関わりは「欠乏しているがゆえの超越」（PL:159/159）である。外界と直接に物質交換する植物から、知覚と運動によって食料を摂取する動物、捉えるべき獲物を絵画や言語によって表象化し、それによって情報を交換しうる人間というふうに、外界からの超越の程度が増していく。こうしてヨーナスは物質から人間の精神活動まで連続した過程を描き出し、人間をこの世界のなかに、世界の進化のなかに位置づけることを試みたわけである。

生命哲学は彼に思わぬ活躍の場をもたらした。六七年、米国芸術科学アカデミーから医学と薬学における人体実験を主題とする講演に招かれる。進歩の名のもとで道徳が浸食されてはならない。それが彼の基本姿勢だった。翌年、ハーヴァード大学医学部特別委員会が脳死概念を初めて提示すると、彼は移植のために死を見直すなと批判した。六九年、新たな学問領域、生命倫理学の研究拠点ヘイスティングス・センターが設立されると、ヨーナスはフェローに招かれた。それとともに、ヨーナスは存在論から実践的な問題を扱う倫理学に踏み出したのだった。「哲学は世界の事物と人間の事柄にたいして政治の関心事を表現するのではなくて（中略）悠然と哲学そのものから寄与すべきだ。（中略）哲学が長い間みずから信じることのできないでいたこの使命が哲学にふりかかってきたこと、それが私にとっては決定的だった」（E:322）。医療をめぐる彼の倫理的主張の一部は、八五年、『技術、医療、倫理学』に収録された。人体実験論と脳死論は邦訳でも読むことができる（加藤・飯田:193-204, 223-234）。

七九年、ヨーナスは『責任という原理』を刊行する。この著作については別稿で集中的に論じた（品川:32-46, 95-138）ので、ここでは責任原理の骨格のみ示す。x は存続を脅かされている。x が存続するか否かはyの行動如何にかかっている。このとき、yにはxを存続せしめる責任が生じてくる。現在世代の人間が地球規模での生態系破壊を進めれば、未来世代の人間の生活環境は悪化し、ついには生存できなくなるおそれがある。それゆえ、現在世代は未来世代の存続にたいする責任を負っている。だが、責任の対象は人間にはかぎらない。ヨーナスの生命哲学は、人間と人間以外の生物種を連続的にあつかっているゆえに、人間だけが尊重されるべき対象ではないからだ。ヨーナスによれば、目的をもつものが目的を成就することは善であり、生き物の活動は目的を帯びているのだから、絶滅の危機に瀕している生物種についても、人間がその絶滅の原因をなしているかぎり、人間はその存続にたいする責任を負うことになる。しかしながら、人間は他の生物にはない特殊性をもっている。責任を感じうるのは人間だけだからだ。したがって、この世界の進展をたんなる力の闘争と偶然とにゆだねずに倫理的に規整しようとするならば、つまり倫理が存在するためには、責任を存続させることが第一の責任となる。それゆえ、人類の存続が現在世代の果たすべき第一の責任である。

ヨーナスの生命哲学と責任原理とは、連続しつつ、力点の置きどころが移る。物質交換によって自己を保つという意味での外界からの自由はすでに生き物の時点で成就されている。人間はそれに加えて、自分の行為のおよぼす結果を表象し、意図して行為する自由を獲得した。このことは生命哲学のうちに示された。ところが、人間が意図的で自由な行為主体として世界のなかで活動するとは、人間がいなければ世界が進んでいたであろう進行をなにがしか変えてしまうことにほかならない。だからこそ、人間は責任を担っている。これにたいして、他の諸生物は結果的に世界の進行に影響しても、世界のそのよ

ベルリン自由大学ハンス・ヨーナス・ツェントルム

うな進行を思い描いて、それを意図して行為しているのではないから、責任をもたない。『グノーシスの宗教』と「ハイデガーと神学」の表現を借りれば、人間は、「大地を世話する者」でありうるとともに、それに劣らず「大地を破壊する者」でありえ、「兄弟の守り手」でありうるとともに、それに劣らず「兄弟の殺害者」でありえ、今後もそうだろう。それゆえなおのこと、人間はみずからその責任を問わなくてはならない。

『責任という原理』は複数の言語に翻訳され、とりわけドイツで二〇万部の売り上げをみた。環境への関心の高いドイツでは右派、左派の政治家がこぞってヨーナスを引用した——キリスト教民主同盟も社会民主党も緑の党も。ヨーナスは複数の大学から名誉教授号を授与され、世評の高いドイツ書籍流通平和賞をはじめ数々の賞を受賞した。九十歳で亡くなった彼の生涯を顧みれば、ひとは、七十年近くつづいた、しかもようやく四十代半ばから本格的に開始した哲学的活動が晩年になるほど大きな実りをあげたのをみるだろう。

しかし、ヨーナス哲学の全体像の評価はまだ定まっていない。ヨーナスは責任原理を特定の宗教的背景に依拠せずに提示した。現代社会の価値多元性を意識したからである。だが、彼の論拠のひとつが生命哲学で展開された目的論的自然観であることは疑いない。これは近代の機械論的自然観と相容れない。するとやはり特定の存在論、形而上学を前提にしていることになる。それゆえ、ヨーナスはドイツでも、人間同士の合意にこそ倫理を基礎づける討議倫理学者からの厳しい批判にさらされてきた（品川：32-46, 95-138）。存在論、形而上学はアメリカの風土にヨーナスが受容されない一因でもある（ウォーリン：179, LaFleur）。さらに、本書に訳出した論文にみるように、ヨーナスは死の前年に刊行した『哲学的研究と形而上学的推測』のなかでは、宇宙の進化と神の存在に絡めて人間の責任を論じている。しかも、その神概念を明らかにユダヤの伝統と関連づけている。前述した「哲学者であり、同時に、ユダヤ人であることの緊張」がまたもやそこに現われてくるのである。

グノーシス解釈をとおした彼の近代批判、彼の生命哲学、生命医療問題についての彼の主張、彼の責任原理、そして彼の神学的思索――これらはそのつどのアドホックな発言の集積なのだろうか。否。だとすれば、彼のさまざまな面を照らし合わせ、結びつけて再構成する解釈がなくてはならない。その解明が、今、始まりつつあるところである。

解　題

一　収録作品の概要

一・一　「アウシュヴィッツ以後の神概念──ユダヤの声」

一九八四年、ヨーナスはレオポルド・ルーカス博士賞を受賞した。この賞は、強制収容所で死んだユダヤ神学者でラビのレオポルド・ルーカスを記念して、その息子のテュービンゲン大学評議員によって一九七二年に設置された。プロテスタント神学部から大学の名において、神学、思想史、歴史、哲学の分野で、とくに民族間の寛容を広めるのに功のあったひとを対象に、毎年、一、二名に贈られる。受賞者の顔ぶれから幾人かの名前と受賞年度をあげると、カール・ポパー（一九八一年）、カール・ラーナー（一九八二年）、ダライ・ラマ一四世（一九八八年）、ポール・リクール（一九八九年）、マイケル・ウォルツァー（一九九八年）、リヒャルト・フォン・ヴァイツゼッカー（二〇〇〇年）、ミヒャエル・トイニッセン（二〇〇一年）、ルネ・ジラール（二〇〇六年）などである。

ルーカス博士の夫人はアウシュヴィッツで殺されていた。ヨーナス自身の母も、彼の把握では、アウシュヴィッツで殺されていた（本書「ハンス・ヨーナスの生涯」参照）。そこに想到するや、彼は記念講演にこの題目を選ばずにはいられなかった。「アウシュヴィッツの霊たちが黙せる神にむかってあげた長くこだまする叫びにたいしてなにがしかの答えのようなものを試みる」（本書四頁）責務を「ふるえおののきながら」（同）ひきうけたのである。プロテスタント系の神学部においてユダヤの神について、哲学者が自分の思いめぐらすままに諄々と説きつづけるその光景は、あるいは異様、少なくとも場違いであったかもしれない。聴衆のひとり、哲学者リューディガー・ブプナーは「私が期待していたのはこういう話ではなかった」（E:344）とつぶやいたと伝えられる。

「神概念」という題目は、神の存在証明ではないことを含意している。カントの指摘するとおり、理論理性は神の存在を証明できない。それゆえ、ヨーナスが試みるのは、アウシュヴィッツという経験に整合的な神概念の探求にほかならない。ヨブの苦難が究極的には神の栄光のもとに肯定されるように、アウシュヴィッツも神義論によって説明できるだろうか。アウシュヴィッツの徹底した無意味はけっしてそうした解釈をゆるさない。歴史を支配するはずのユダヤの神がアウシュヴィッツのまえで沈黙した。その神はいかなる神か。それは経験的には知りえない。だから、ヨーナスはミュートスを語りはじめる。

すなわち、神は自身をまるごと世界にゆだねて世界を創造した。以後、被造物は神に介入されることなく、その無限に多様な可能性と偶然のもとに自己展開していく。物質の離合集散、生命の誕生、動物の発生、ついに人間が出現する。しかし、知と自由を兼ね備えた人間は独立の価値基準にのっとって、自分の意志で被造物を利用しはじめた。それゆえ、人間の出現とともに、神の安寧は破れる。神は自分が創造した世界（と、それ自身も世界の一部である人間）の運命を気づかって、「息をこらして、あるときは希望し、あるときは懇求し、あるときは喜び、あるときは悲しみ、あるときは満足し、あるときは失望しながら人間の行為」（本書一四―一五頁）を見守ることとなる。

ヨーナスが描き出した神は、①苦しむ神、②時間のなかで明らかになっていく生成する神、③世界を気づかう神、そして④全能ではない神である。①③はユダヤの神、すなわち旧約聖書の神に明らかである。神が世界のなりゆきを気づかい、苦しむ以上、神は世界とともに生成するともいえよう（②）。しかし、④は神学の正統を大きく逸脱する。けれども、善かつ全能な神がアウシュヴィッツを看過したとすれば、神は理解不可能となる。ユダヤの神は理解可能な神である。神の理解可能性と善性とを維持するには、神の全能を捨てなくてはならない。こうしてヨーナスは、神義論を斥けることでアウシュヴィッツが仮借なき悪であることを譲らず、そのかわりに、善にして理解可能だが、全能ならざる神の概念に行き着いた。この神概念はユダヤの伝統のなかに先行例がないわけではない。ルリアのカバラがそれである。しかし、神は、いったいなぜ、世界のその後の進展に介入できなくなるまでに創造のためにその力を蕩尽してしまったのか。それは世界の自立、人間の自立を尊重するためである。それゆえ、ヨーナスのミュートスもまた神への賞賛である。他面、この神には救済を訴えることはできない。だから、救済は知と自由をもつ人間の手にゆだねられている。すなわち、「いまや、人間のほうが神に与えなくてはなりません」（本書二八頁）。

一・二　「過去と真理——いわゆる神の存在証明への遅ればせの補遺」

知性と事物の合致をもって真理とする合致説にしたがえば、過去について真理がいえるとすれば、私たちの知識と照合すべき何かが現前していなくてはならない。だが、過去はすでにない。過去があるとすれば、それは実体的にではなく、志向的に現前していることになろう。つまり、思い出としてあるにほかならない。だが、人間の記憶は可謬で、歴史は改竄すらされうる。だとすれば、過去のある事態についての真偽が一義的に決定されうるためには、したがってまた、時間的存在である私たちの過去の行為がその真実にもとづいて評価されうるためには、無謬で遺漏のない永遠の記憶がなくてはならない。その記憶が活きるには、それを思い出す主体が必要である。かくして神が要請される。すなわち、過去についての認識を可能にし、かつまた私たちの歴史的な実存を有意味にする超越論的制約としての神である。

ヨーナスが再説するように、これは神の存在証明ではない。過ぎ去ったことの真偽への問いが、さらには、過去の行為の評価の問いが有意味になるためには、神の存在が要請されるというにとどまる。平たくいえば、過去を問うことは無意味で、すでに存在しない過去についてはいかようにも改竄でき、妄想してもさしつかえないという可能性が論破されたわけではない。とはいえ、それが過去の実相ならば、私たちは自分の人生すら信じられなくなるだろう。したがって、この要請は、カントの要請がそうであったように、生の意味を賭した要請にほかならない。そしてまた、この議論は、真偽が決定できることがら、換言すれば、経験的に知ることのできることがらが成り立つ根拠それ自体は、経験的には知りえないことを示唆している。それゆえ、ヨーナスはここに要請された神を（過ぎ去ったことの真偽についての）認識が成り立つ条件、すなわち超越論的制約と呼んだのである。

ところで、読者は、ヨーナスが真理の合致説しか援用していない点に疑問を抱かれるかもしれない。合致説をとらずに、私たちが有する確信相互の整合をもって真理とみなせばどうなるだろうか。神が要請される必要はなくなる。過去についての真理は私たちが集合的に抱いている整合的な確信にすぎないし、またそれで充分なのではあるまいか。

おそらくはこの方向とヨーナスの方向とを分かつ究極の岐路は、真偽の審問、したがってまた過去の行為の評価の審問が、人間だけを前にして行なわれるのか、それとも人間を超えたものの前で行なわれるのかという点にある。ヨーナスには、人間だけを審級とする道は恣意に通じると思われたのだ。人間が、いかに狡猾、自己欺瞞に陥りやすいか、については、たとえば、本書七八―七九頁を参照されたい。

一・三　「物質、精神、創造――宇宙論的所見と宇宙生成論的推測」

「ユダヤの声」という副題をもつ「アウシュヴィッツ以後の神概念」の主題がユダヤの神であるのにたいして、「物質、精神、創造」の論じる神は特定の信仰に依拠しない哲学者の考える神である。したがって、ヨーナスは現代の科学論、ビッグバン説から出発している。

ビッグバンのあと、世界は計画なしの偶然によって形成されていった。ありあまる物質の多様な相互作用から、しかし、生命、生き物が生まれてくる。生命、生き物は外界から必要な物質をとりいれ、外界に不要な物質を排出して自己を維持する。世界を支配しているエントロピー増大の法則に抵抗している。ヨーナスはここに、自己をとりまく環境と対峙する内面、主観性、物質的環境からの超越をみてとる。それでは、どうして、この主観性というまったく異質なものがそれにあずかり知らぬ物質から生じることがありえたのか。デカルトのような二元論で説明できるだろうか。しかし、二元論では説明できない難題がある。生き物の存在である。知覚し、感受し、欲求し、快苦を感じるあらゆる内面的な、つまり心、精神の働きは身体、つまり物質との結びつきなしにはありえないからだ。ヨーナスはこうした事実を現象学的所見と呼ぶ。世界のなかに否定しがたくまざまざとみてとられるという意味であろう。二元論はこの結びつきを説明するのに機械仕掛けの神に訴えるほかない。他方、スピノザの一元論も現象学的所見に反する。善悪の区別、私たちの行為主体としての自由、時間が説明できないからだ。すると残る説明は、物質はもともと精神を有していなかったが、のちに精神を受け入れるようになったという一元論しかありえない。とはいえ、この思弁はもはや経験によっては裏づけられず、せいぜい現象学的所見に整合的な推測の域を出ない。つまり、この論文の収められた彼の最後の著書の題名『哲学的研究と形而上学的推測』でいえば、哲学的研究ではなく形而上学的推測なのである。理論理性を超えた思索という意味で、推測はミュートスと互換的な概念である。

精神がそこから生まれてきた物質が精神とまったく異質なものだとは想定できない。おそらくは、物質は状況が整えばいつでも物質自身を超越して精神へむかおうとするあこがれをもっている。しかし、子どもがことばを話せるようになるには、子どもに話しかけるすでにことばを知っているおとなが必要なように、潜在的に精神たりうるものが現実に精神となるには、すでに現実に精神であるものが必要である。したがってここに、現実態の精神の存在が想定される。けれども、それはヘーゲルの絶対精神のように世界の歩みを目標にむかって導いていくものではない。そう考えるには、世界はあまりに偶然と悪とに満ちている。ヨーナスがそうした悪としてまず思い浮かべるのはアウシュヴィッツである。

だとすれば、世界に先行する精神は世界を創造したものの、しかし世界のその後の進展には介入しなかったと考えざるをえない。世界が自律するようにするために、世界のなりゆきを世界に委ねたのである。そして今、世界の帰趨、少なくともこの地球のなりゆきは、地球規模での生態系破壊をもひきおこしうる力と自由を手に入れた人間の肩にかかっている。この地上における創造の冒険が、私たち自身の運命もろともに、私たちの手のなかに落ちている。私たちはそれを世話することも、裏切ることもできる。だからこそ、宇宙には私たちしかいないかのように、私たちは私たちの運命とこの地上における創造のなりゆきを気づかおう。こうしてヨーナスは彼の形而上学的推測を、『責任という原理』のなかで唱道した地球規模での生態系の破壊の阻止と響きあう呼びかけでしめくくっている。

二　生命哲学、責任原理との関係

さて、このような概要の三篇の論文を、ヨーナスは晩年にいたってなぜ提示したのだろうか。彼の先行する著作をふりかえってみよう。

ヨーナスが（聖書研究でもなくグノーシス研究でもなく）彼自身の神概念をおそらく初めて示したのは、一九六一年にハーヴァード大学で行なったインガソル講義においてである（PoL: 262）。その内容は論文「不死性と現代の気質」にまとめられ、英語版『生命という現象』（邦訳『生命の哲学』）に収められ、「不死性とこんにちの実存」（PL: 373-398/412-444）と改題されて加筆修正のうえドイツ語版に収録された。そのなかで彼はこう語っている。

不死性という観念は現代には疎遠なものとなっている。ハイデガーによれば、本来的な自己であるためには、自己の死に直面しなくてはならない。ここに不死の入る余地はない。だが、私たちが真に決断するときには、あたかも永遠のまなざしのもとで行為するように感じるではないか。詩篇にあるいのちの書（「いのちの書から彼ら［わが敵。ヤハウェを嘲る者］は拭い去られ、義人たちと共には書かれませんように」（詩篇六九章二九節））、イラン系のグノーシス神話、具体的にはマンダ教文書とマニ教文書のなかに語られた、現世における私たちの行為を映す天上の存在者にいうように、私たちの行為は永遠に残る。

ついで彼は「アウシュヴィッツ以後の神概念」と「物質、精神、創造」に語られるミュートスの原型を語る。すなわち、創造ののちに介入しない神と人間の責任が語られるわけである。人間の責任は二種類に分けられる。「一方はこの世界の因果性を尺度とする。（中略）他方は、永遠の領域への侵入を尺度とする」（PL: 396/443）。いいかえれば、時間のなかで報われ償われうるだろう責任と、人間の行為が形成する像すなわち神のもとにある記憶のまえで永遠に裁可される責任とがあるということになろう。私見では、この区別は一種の存在論的差異であって、前者は個々の存在者にたいする責任、後者は存在者が存在することにむけられた（だから、創造主のまえでの）責任である。しかし現代では、科学技術の強大な力を介して、前者の責任に相当すると思われる行為もまた集合的に行なわれれば後者の責任に相当する行為に転じてしまう。したがって、現代において問われるべき決断は、実存哲学が注視したようなたんに一個人によるものではない、「総体として社会的に行為する人間」（PL:397/443）のそれである。

先行するテクスト「不死性とこんにちの実存」が本書に訳出した三篇の論文の胚芽にあたることは明らかである。いのちの書や地上の行為を反映する天上の存在者は「過去と真理」にいう神の記憶に継承され、ミュートスは他の二論文に継承されている。

しかし、違いもまたある。「アウシュヴィッツ以後の神概念」の神は明らかにユダヤの神だが、先行テクストではそうではない。他方、「物質、精神、創造」には、先行テクストにはない現代の宇宙論との対応や哲学史の批判的解釈が盛り込まれている。したがって、先行テクストが蔵していた胚芽が、一方ではユダヤの伝統の神へ、他方では哲学者の考える神へと析出してそれぞれ発展していったとひとまずはいえよう。

とはいえ、生命哲学の時期に属する先行テクストと三篇の論文とのあいだには、特定の神学的背景に依拠せずに、未来にむけて人類を存続させる現在世代の責任を説いた『責任という原理』がある。それでは、なぜヨーナスはふたたび神学的思索に、いいかえれば、ミュートスに依拠したのか。なるほど、生命哲学のなかではミュートスを語る意義はくわしく述べられている。ヨーナスによれば、「われわれが陥っている形而上学の大きな休止状態では、形而上学が自分のロゴスをとりもどすまえには、われわれはこのメディア［ミュートスをさす］に身をゆだねるほかない」(PL:394/438)。ミュートスが架橋する先にあるはずの形而上学のみが、「なぜ、人間がそもそも存在すべきかを教える」(PUMV:134)。万有のなかに人間をしかるべく位置づける形而上学こそが「全体としての自然の側からの客観的な割り当てに基礎づけられた倫理の原理」(PL:403/447) を提示できるというのがヨーナスの考えだった。本書「ハンス・ヨーナスの生涯」に記したように、ヨーナスは、ハイデガーの『存在と時間』が説く決断が、ただ死への先駆的可能性によって肯定されており、決断の中身を問う規範をもたないと批判していた。この欠如を充たす規範を模索する試みがミュートスなのである。けれども、それはすでに生命哲学で到達した地点であり、『責任という原理』では神学的思索は封印されている。だとすれば、ふたたびミュートスや形而上学を語ることに、いったい、どのような意義があるというのだろうか。

だが、それを考えるまえに、ここで語られる神がどのような神かをおさえておこう。

三　ショアー（ホロコースト）とユダヤ神学

ショアー（ホロコースト）をどのようにうけとめるか。これは現代のユダヤ神学の大きな課題である。ヨーナスの「アウシュヴィッツ以後の神概念」はショアー（ホロコースト）以後のユダヤ神学の圏域のなかでどのように位置づけられるだろうか。

＊以下「ショアー」とのみ記す。両者の語意については（宮田：v-xi）を参照。

スティーヴン・カッツはショアーを伝統的な枠組みのなかで解釈しようとするユダヤ神学の対応を六種類あげている。①イサク献供や②ヨブになぞらえる解釈。③神は世界を救うためにユダヤ人を犠牲に供し、ユダヤ人とともに苦しむ。④神がその顔を一時的に隠した（ブーバーのいう「神の蝕」）。⑤人間の罪に起因する罰である。⑥人間の自由のためにかかる悪も起こりうる。だが、①②に援用される聖書の物語は幸福な結末になるのにたいして、ショアーはそうではない。①②③のように、ショアーを神の意志と説くならば、ヒトラーは神の意志を体現していることになろうが、それは認めがたい。③以下は、ショアーの悪の大きさにつりあう根拠か、疑われる。⑥にしても、人間をもう少し抑制のきく者に創造することは、全能の神ならできただろう。どの解釈も、善にして全知全能、かつ、ユダヤの民を愛する神という神の属性になにがしか抵触する。それゆえ、ショアーの衝撃をまともにうけとめた神学者たちは根本的な見直しを図った。すなわち、ユダヤの神はショアーを許さないはずなのに、ショアーは現実に起きた。ゆえに神は死んだ（ルーベンスティン）、あるいは、神とユダヤ人とのあいだの信約は破れた（グリーンバーグ）、あるいは、神の全知全能を否定する（コーヘンらのプロセス神学）といった諸説が登場する（Katz：406-420）。

ヨーナスの援用するルリアのカバラには、ルーベンスティンも感動した（アームストロング：505）。だが、ヨーナスがユダヤ神学のこれらの動きにどれほど交渉があったかはさだかではない。私の知る範囲では、本書第一章訳註［16］に記した逸話がある。少なくともヨーナス個人の信仰はユダヤの神を離れることはなかった。

しかしながら、ヨーナス自身も認めるように、全能ならざる神がイスラエルの民を救う強い手をもつ神ではないことも明らかである（本書二五頁）。ここには、グノーシスの救いの神もユダヤ教のメシア信仰もない。ヨーナスはメシア信仰について別の箇所でこう語っている。「私はメシア信仰には与しません。逆に、人間と地上のありようはいつまでも不完全で問題を孕んでいるままだろうと確信しています。善と悪、偉大と卑小、崇高と悲惨とが混交したままでしょう」（Koelbl:123）。一九世紀の啓蒙的なユダヤ教改革運動もメシア待望論を否定した。だが、直前の引用にみるように、ヨーナスは啓蒙の進歩史観、ユートピア思想も否定している。これは『責任という原理』の思想である。

注目すべきことに、カッツは、やはり神の全知全能を否定したプロセス神学について、「祈りをささげる神」よりも「理神論者の神」に近いと評している（Katz:415）。この批評はヨーナスの神概念にもあてはまるだろう。実際、ルイス・ジェイコブスが同様の批判をしている（アームストロング:506）。これにたいして、ローレンス・ヴォーゲルはヨーナスも援用している（本書一〇六―一〇七頁）エティ・ヒレスムの例をもって、この神が祈りをささげる対象でありうると示唆してヨーナスを擁護している（Vogel:34-35）。とはいえ、これはむしろヒレスムの神が哲学的だともいいうるだろう。ハンス・キュンクがいうように、「人間は弱い神への信仰は持てない」（アームストロング:506）のではあるまいか。

たしかに、神に選ばれた民ユダヤ人が殲滅のために選ばれたことを、ヨーナスは逆説中の逆説と呼んで、アウシュヴィッツのユダヤ的特殊性を喚起している。だが、ヨーナス自身が講演のなかで明言しているように、アウシュヴィッツの解放に尽力した「義人」はユダヤ人にかぎらない。さらにまた、ヨーナスは指摘していないが、アウシュヴィッツで殺されたのはユダヤ人にかぎらなかった。すると論理のおもむくところ、神に選ばれているのはイスラエルの民だけでなく、人間全体がそうだということになろう。だとすれば、この講演は、縁者をアウシュヴィッツで殺されたユダヤ人、現にショアーの対象だったユダヤ人のみならず、人間全員にむけられている。それぞれの意識の鮮烈さにちがいはあれ、各人がこの主題を重くうけとめなくてはなるまい。なぜなら、誰しもこの世界でかかる悪の餌食になりかねず、しかもまた悪の側にもまわりかねないからであり、それゆえ、人間の行為が招きうる禍悪を起こらぬようにする責務はどの人間にもあるからである。

だが、このように一般化できるならば、「アウシュヴィッツ以後の神概念」における神は、ユダヤの神というよりもむしろ特定の信仰に依拠せずに哲学者が理論的に構築した神にならないだろうか。いいかえれば、「アウシュヴィッツ以後の神概念」は「物質、精神、創造」をさらなる基盤として成り立っているテクストということになるのだろうか。

四　哲学者であり、同時に、ユダヤ人であることの緊張

しかしながら、「アウシュヴィッツ以後の神概念」は「物質、精神、創造」に還元できない。もし還元できるなら、ユダヤ人という語は人間に、アウシュヴィッツという語はジェノサイド、さらには悪一

般に置換されてもよいことになろう。けっしてそうではない。講演冒頭のヨーナス自身の母の死への言及。「一般的、他人事」（本書六頁）のような語り口に陥ることへの警戒。講演末尾の「つっかえ、つっかえ、口ごもりながら」（本書二九頁）語ってきたという述懐。その口吻には、この講演がおそらく哲学者ヨーナスにとって以上にユダヤ人ヨーナスにとって冒険だったことが窺われる。アウシュヴィッツの特殊性を類例のなかの一例とみることはできない。一回限りのできごとの現実性を奪うことはゆるされない。とはいえ、特殊の現実について考えるということは、思索そのものがもつ本性から、その現実を範例として一般的な広がりへと開かれてゆくことにほかならない。『責任という原理』の乳飲み子の例（PV：235ff/228ff）が示すように、ヨーナスは範例から普遍を読みとる稀有の眼力の持ち主だった。その意味で、ここに訳した三篇もまた、哲学者であり、同時に、ユダヤ人であることの緊張の張りつめたテクストなのである。

二つのテクストを近づけすぎる解釈にはもっと大きな危険がある。環境破壊を引き起こしたテクノロジーの問題のなかにアウシュヴィッツを埋没させかねない危険である。

対比するために、ハイデガーの技術論を参照しよう。ハイデガーは現代技術の本質を Ge-stell と名指しした。Ge-stell とは「現実にあるものを用立てることで、それをまさに用立てられるためにあるものとしてあらわにするように、人間を引っ立て、取り立てるような態度の総称」（Heidegger：20）である。ハイデガーはこの用語を第二次大戦中の召集（Gestellung）から思いついたと推測されている（辻村・ブフナー：15）。ナチズムにかぎらず、体制を問わず、あらゆる国家は Ge-stell の装置である。Ge-stell

は私たちの時代の構造、私たちがめぐりあわせた歴史の運命（歴運）であり、そのもとでは自然も人間も用立てられるものとしてしかみられない。ここにハイデガーの優れた洞察があることは否定できない。しかし同時に、この議論では、アウシュヴィッツも環境破壊も、すべてがひとしく存在の歴史つまり歴運によって説明されてしまう。これにたいしてヨーナスは、ハイデガーでは、歴運つまり時代の構造、存在の呼びかけのどれに耳従うべきかの規範がないと批判したのだった。そしてヨーナスは人間の責任を原理に打ち立てた。

それでは、ヨーナスの論理のなかで、アウシュヴィッツにたいする責任と環境危機にたいする責任はどのように区別されうるのだろうか。「不死性とこんにちの実存」では、二つの種類の責任が説かれていた。だが、それにしたがえば、環境危機は自然という存在者の存在することを否定するという意味で永遠の領域に進入するのにたいして、アウシュヴィッツは存在者間の関係から生じる責任にとどまるのではないだろうか。

ここで想起すべきは、ヨーナスの神は裁く神ではないという点である。だとすれば、告発と裁きは誰がするのだろうか。人間をおいてほかにない。ただし、人間はたやすく隠蔽、改竄、欺瞞に陥ってしまう。それゆえ、人間は人間を超越する存在をつねに意識していなくてはならない。これが『責任という原理』以後にふたたび神学的思索が、ミュートスが、つまり神が語られる理由だろう。そして、告発と裁きをするとすれば、地球環境破壊について、はたまた、アウシュヴィッツについて、どの人間にどのようなどこまでの責任があるのか、それぞれ別に考えなくてはなるまい。ヨーナス自身はここまで明確にはいっていない。だから、この読み方はひとつの解釈である。この解釈では、個々の存在者にたいする責任こそが出発点となる。ヨーナスが諸処で宇宙的責任と呼んでいるような、存在者全体の存在の維持にかかわる責任もまた、その糾明を経ずして問うことはできない。すると、この解釈は、人間を存在の牧人ではなくて兄弟の守り手とみるヨーナスの主張（本書一九二―一九三頁）と対応する。「たとえ、倫理の存在論的基礎づけが必要だとしても、現実の葛藤が絶えない存在者の領域にたいして綿密な注意を払わなくてすむような近道はない」（Vogel:40）。ヴォーゲルとともに、この態度を「よきヨーナス主義者の生き方」（同前）と呼んでおこう。

五　現代に形而上学やミュートスを語る意味

しかし、なぜ、この現代にこうした形而上学を語るのか。最後にその意味を考えよう。

何よりも、形而上学はすでに完膚なきまでに否定されたのではないか。経験的世界を超えた特定の存在者を想定して、形而上学を語るとは、もともと存在していない根拠を捏造して、私たちの存在を正当化するあがきに似たふるまいにすぎないのではないか。これはニーチェやハイデガーがつとに指摘したところである。これにたいして、ヨーナスは、形而上学の否定が別の形而上学に通じる（本書一一〇頁）という指摘をもって答えるだろう。なるほど、ニーチェは永遠に変わらずに存在する絶対者を否定したが、彼の永遠回帰は経験の支えをもたずに存在者全体を論じているという意味では形而上学である。ハイデガーは被投性、この世界に投げ込まれてあることをいいながら、いわば、どこから投げ込まれたのかを語らぬかぎりで、捏造された形而上学に陥ることはないが、しかし、どこからということがなければ、投げ込まれているという表現は実際には成り立たない。

しかし、形而上学の否定が形而上学に通じるとしても、形而上学を積極的に語ることはやはり捏造にすぎないのではないか。この点では、ヨーナスがその形而上学の語りを「ミュートス」「推測」と呼んでいることに留意されたい。すなわち、それは哲学者が本来語るべきロゴスではないのである。ミュートスをミュートスと断るかぎりで、ヨーナスは哲学的思索にとどまっている。

けれども、だとすれば、なにゆえにミュートスや推測と断ってまでも、それを語らずにはいられないのだろうか。その背景には二種類の要請がある。

第一は、倫理上の要請である。倫理理論を粗く大別すれば、まずは個々人の欲求があり、しかしたがいの欲求は両立するとはかぎらないので、私たちは共存するために倫理を要するという考え方がある。このとき、たがいの欲求（「たし」）を両立させるために当為（「べし」）が要請される。社会契約論の多くや功利主義の多くはこのタイプだといえよう。一方、一個人の欲求に優先するような「べし」を人間がみずから見出し、それによって自己を律するという考え方もある。カントの義務倫理学や、カントの目的の王国の概念をコミュニケーション共同体と読み替える討議倫理学はこのタイプだといえよう。しかしまた、人間の欲求や自律にではなく、存在そのものに「べし」を基礎づける考え方がある。形而上学がそれである。ヨーナスの議論はここに属す。それゆえ、彼の求める倫理は「死につつある人類の最後のひとりがなお守らなくてはならない」(PL:403/447) 倫理なのである。

第二に、実存的な要請がある。近代の始まりに、パスカルは「誰が私にこの場所とこの時とを割り当てたのだろう」と問うた。これはWhy(なぜ)を問う問いであって、How(いかにして)しか答えぬ近代科学では答えられない。しかし、カントのいうように、人間の理性は自分の答えられない問いを問わざるをえないのだとすれば、私たちもどこかで、パスカルが問うたような、人間が存在することの「なぜ」、私が存在することの「なぜ」を問わずにはいられない。ヨーナスはこの問いにたいして、世界を創造し、しかし創造の進展には介入しない神をもって答えとした。この回答は私たちの誰もが共有できるものではあるまい。だが、私たちが近代以降の実証主義的な科学観やそれに呼応する理性観のうちに先の問いにたいする回答を見出しえぬために、人間が存在することの「なぜ」、私が存在することの「なぜ」という問いそのものを放棄するとすれば、それはむしろ、そうした科学観や理性観に打ちひしがれた自己抑圧にすぎないのではあるまいか。そこをあえて問うところに、ヨーナスの反時代的思想の時代的意義があるように思われる。

引用文献

＊以下に、「訳注」「ハンス・ヨーナスの生涯」「解題」のなかの引用文献を記す。ヨーナスの著書およびインタヴュー記録は（　）のなかに略号を記し、コロンのあとに頁を記す。邦訳がある場合には／のあとに対応する頁を記すが、訳文は品川による。聖書からの引用は書名のあとに章と節を記し、訳文は原則的に下記の翻訳による。その他の文献は著者名を記し、コロンのあとに頁を記した。

ヨーナスの著書およびインタヴュー記録

AO: *Augustin und das paulinische Freiheitsproblem: Eine philosophische Studie zum pelagianischen Streit*, 2. Auflage, Vandenhoeck & Ruprecht: Göttingen, 1965

E: *Erinnerungen*, Insel Verlag: Frankfurt am Main, 2003

EV: *Hans Jonas: Erkenntnis und Verantwortung*, Ingor Hermann（Hrsg.), Lemuv, Göttingen, 1991

GR: *The Gnostic Religion*, Beacon Press: Boston, 3rd. 2001（秋山さと子・入江良平訳『グノーシスの宗教――異邦の神の福音とキリスト教の端緒』人文書院、一九八六年）

GsG: *Gnosis und spätantiker Geist, Erster Teil Die mythologische Gnosis*, Vandenhoeck & Ruprecht: Göttingen, 1988

HT: "Heidegger and Theology", *The Review of Metaphysics*, vol. XVIII, no. 2, 1964

MO: *Macht oder Ohnmacht der Subjektivität? Das Leib-Seele-Problem im Vorfeld des Prinzips Verantwortung*, Insel Verlag, 1981（宇佐美公生・滝口清栄訳『主観性の復権――心身問題から『責任という原理』へ』東信堂、二〇〇〇年）

PL: *Das Prinzip Leben. Ansätze zu einer philosophischen Biologie*, Suhrkamp: Frankfurt am Main, 1997（細見和之・吉本陵訳『生命の哲学――有機体と自由』法政大学出版局、二〇〇八年）

PoL: *The Phenomen of Life. Toward a Philosophical Biology*, Northwestern University Press, 2001

PUMV: *Philosophische Untersuchungen und metaphysische Vermutungen*, Insel: Frankfurt am Main 1992

PV: *Das Prinzip Verantwortung. Versuch einer Ethik für die technologischen Zivilisation*, Suhrkamp: Frankfurt am Main, 1984（加藤尚武監訳『責任という原理――科学技術文明のための倫理学の試み』東信堂、二〇〇〇年）

聖　書

イザヤ書、『旧約聖書Ⅲ　預言書』旧約聖書翻訳委員会訳、岩波書店、二〇〇五年

創世記、『旧約聖書Ⅰ　律法』旧約聖書翻訳委員会訳、岩波書店、二〇〇四年

申命記、『旧約聖書Ⅰ　律法』旧約聖書翻訳委員会訳、岩波書店、二〇〇四年

詩篇、『旧約聖書Ⅳ　諸書』旧約聖書翻訳委員会訳、岩波書店、二〇〇五年

その他の文献

Erchens, Günter, *Juden in Mönchengladbach*, Bd.2, Mönchengladbach, 1989

Hadorn, Gertrude Hirsch, „Verantwortungsbegriff und kategorischer Imperativ der Zukunftsethik von Hans

Jonas", in *Hans Jonas – von der Gnosisforschung zur Verantwortungsethik*, Wolfgang Erich Müller (Hrsg.), Verlag W. Kohlhammer, Stuttgart, 2003

Heidegger, Martin, *Die Technik und Kehre*, Günter Neske Pfllingen: Tübingen, 1962

Jacobs, Louis, *Jewish Religion: A Companion*, Oxford University Press, 1995

Jüdisches Museum Berlin, *Zwei Jahrtausende deutsch-jüdische Geschichte: die Geschichte der Ausstellung*, Dumont: Berlin, 2002

Katz, Steven T., "Judaic Theology and the Holocaust", *The Encyclopedia of Judaism*, vol. 1, Jacob Neusner, Alan J. Avery-Peck, and William Scott Green (eds.), Brill: Leiden, 2000, pp.406-420

Koelbl, Herlinde (Hrsg.), *Jüdische Portraits: Photographien und Interviews von Herlinde Koelbl*, S. Fischer: Frankfurt am Main, 1989,

LaFleur, William R., "Peripheralized in America: Hans Jonas as Philosopher and Bioethicist", 二〇〇九年一月二一日に京都大学で行なわれた講演。

Vogel, Lawrence, "Hans Jonas's Exodus: From German Existentialism to Post-Holocaust Theology", in Jonas, Hans, (ed.) Vogel, Lawrence, *Mortality and Morality: a Search for the Good after Auschwitz*, Northwestern University Press, 1996

Wiese, Christian, *The Life and Thought of Hans Jonas: Jewish Demensions*, trans. Jeffrey Grossman and Christian Wiese, Brandis University Press, 2007

アームストロング、カレン『神の歴史』高尾利数訳、柏書房、一九九五年

ウォーリン、リチャード『ハイデガーの子どもたち――アーレント/レーヴィット/ヨーナス/マルクーゼ』

村岡晋一・小須田健・平田裕之訳、新書館、二〇〇四年
加藤尚武・飯田亘之編『バイオエシックスの基礎――欧米の「生命倫理」論』東海大学出版会、一九八八年
ゲーテ、ヨハン・ヴォルフガング・フォン『ゲーテ全集』第二巻、生野幸吉訳、潮出版社、一九八〇年
品川哲彦『正義と境を接するもの――責任という原理とケアの倫理』ナカニシヤ出版、二〇〇七年
芝健介『ホロコースト――ナチスによるユダヤ人大量殺戮の全貌』中央公論社、二〇〇八年
ショーレム、ゲルショム『ユダヤ神秘主義』山下肇・石丸昭二ほか訳、法政大学出版局、一九八五年
茅野蕭々「解説」、『ゲーテ全集』第三巻、改造社、一九三七年
筒井賢治『グノーシス――古代キリスト教の〈異端思想〉』講談社、二〇〇四年
辻村公一、ブフナー、ハルトムート「訳語解説」、『ハイデガー全集第九巻　道標』創文社、一九八五年
トマス・アクィナス『世界の名著　トマス・アクィナス』山田晶訳、中央公論社、一九七五年
トラヴェルソ、エンツォ『ユダヤ人とドイツ――「ユダヤ・ドイツの共生」からアウシュヴィッツの記憶まで』
宇京頼三訳、法政大学出版局、一九九六年
ニーチェ、フリードリヒ『ニーチェ全集第一一巻　善悪の彼岸』信太正三訳、筑摩書房、一九九三年
パスカル、ブレーズ『パンセ』前田陽一・由木康訳、中央公論社、一九七三年
プラトン『プラトン全集第一二巻　ティマイオス』種山恭子訳、岩波書店、一九七五年
ヘス、ルドルフ『アウシュヴィッツ収容所』片岡啓治訳、講談社、一九九九年
宮田光雄『ホロコースト〈以後〉を生きる――宗教間対話と政治的紛争のはざまで』岩波書店、二〇〇九年
レーヴィット、カール『ナチズムと私の生活――仙台からの告発』秋間実訳、法政大学出版局、一九九〇年

初出一覧

第一章「アウシュヴィッツ以後の神概念」

一九八四年に、テュービンゲン大学（正式名称はエバーハルト・カールス大学）プロテスタント神学部からレオポルド・ルーカス博士賞を受賞したときの記念講演。

O. Hofius（Hg.）, *Reflexionen finsterer Zeit. Zwei Vorträge von Fritz Stern und Hans Jonas*, Tübingen 1984, S. 61-86 に収める。

その後、H. Jonas, *Der Gottesbegriff nach Auschwitz*, Suhrkamp Taschenbuch 1516, Frankfurt am Main 1987. さらに、H. Jonas, *Philosophische Untersuchungen und metaphysische Vermutungen*, Insel Verlag, Frankfurt am Main, 1992, S. 190-208 に収める。

第二章「過去と真理」

“Vergangenheit und Wahrheit”, *Scheidewege* Bd. 20, 1990/1991, S. 1-13

その後、H. Jonas, *Philosophische Untersuchungen und metaphysische Vermutungen*, Insel Verlag, Frankfurt am Main, 1992, S. 173-189 に収める。

第三章「物質、精神、創造」

一九八八年五月に、ニーダーザクセン財団によってハノーファーで行なわれた国際会議「精神と自然」における講演を増補したものである。

H. Jonas, *Materie, Geist und Schöpfung*, Suhrkamp Taschenbuch 1580, Frankfurt am Main, 1998.

その後、H. Jonas, *Philosophische Untersuchungen und metaphysische Vermutungen*, Insel Verlag, Frankfurt am Main, 1992, S. 209-255 に収める。

訳者あとがき

本書は、Hans Jonas, *Gedanken über Gott. Drei Versuche*, Bibliothek Suhrkamp. Bd. 1160, Suhrkamp Verlag, Frankfurt am Main, 1994 の全訳である。ただし、書名を『アウシュヴィッツ以後の神』とした関係上、原著では二番目におかれている「アウシュヴィッツ以後の神概念」を訳書では第一章とし、原著では最初におかれている「過去と真理」を第二章とした。第一章のみを敬体で訳したのは、もともとそれが講演だからである。

ショアー（ホロコースト）の後もなお、ユダヤ人は自分たちを救う善なる創造主を信じることができるのか。いやそもそも、アウシュヴィッツをはじめ二〇世紀の悲惨事のあとで、いかなる神を考えることができるというのか。神による救いが予兆できない時代に、人間はいかに生きるべきか――。

著者ハンス・ヨーナスは、学生時代にシオニズム運動に参加し、ハイデガーとブルトマンの指導を受けてグノーシス思想研究で学位をとり、ナチスの政権掌握に抗してドイツを出国してパレスチナに移住し、第二次世界大戦では英軍に志願して対独戦争を戦った。しかし、連合軍兵士として生地に足を踏み入れた彼を待っていたのは、彼の母がアウシュヴィッツに移送されていったという知らせだった。

戦後はイスラエルから北米に移住して、生命の哲学を構築し、生命倫理学の研究拠点ヘイスティングス・センターのフェローを務め、さらには地球規模で環境破壊が進むなかで人類を存続せしめる現在世代の責任を説き、多大な反響を得た。その哲学者の晩年の神をめぐる思索がここに収められている。著者の哲学、倫理学に関心をもつ方はもちろん、ユダヤ思想、宗教学、歴史学、ドイツやイスラエルやパレスチナの現代史など、広くさまざまな領域に関心をもつ方々の興味をそそる主題であろう。

できるだけ多くの方に手にとっていただきたく、訳註を多くつけた。訳者はユダヤ教や聖書の研究には門外漢なので、第一章を木幡藤子広島大学名誉教授に目を通していただいた。第三章訳註［91］では、手島勲矢同志社大学教授のご教示をいただいた。貴重な助言をしてくださった木幡教授、手島教授に御礼を申し上げる。著者になじみのうすい方は、まず「ハンス・ヨーナスの生涯」を一読されるのも一法だろう。

訳者は勤務先の関西大学在外研究員等規程により二〇〇七年四月から翌年三月までドイツのケルン大学に滞在した。その間、自分自身の楽しみのために本書の訳出に着手した。リスの遊ぶ大きな胡桃の木が蔭を落とすゲストハウスで、アムゼル（クロウタドリ）やコールマイゼ（シジュウカラ）がひとしきり鳴きかわす日暮れに作業を始め、ユダヤ教に関する不明な箇所があると、翌日、ケルン大学の図書館に行って調べた日々をなつかしく思い出す。帰国後、同じ著者の『生命の哲学』を刊行していた法政大学出版局に打診したところ、出版する幸運に恵まれた。編集にあたられた郷間雅俊氏に謝意を表する。

著者の名前の読み方は、私の経験では、ドイツ人は日本語表記で長音記号を使うほどに平坦に長くは発音していないように思う。ペンシルヴェニア大学のラフルーア教授が来日されたおりに伺ったところ、アメリカでも同様のようだ（ちなみに、ラフルーア教授は、著者がみずから英語読みで「ジョナス」と名乗ったこともあったが広まらなかったというエピソードを話された）。しかし、「ヨ」にアクセントがある関係でいくぶん長めに聞こえるわけではある。同じ出版社から同じ著者を別々に表記して出版しては混乱を招くので、本書でも「ヨナス」とせずに「ヨーナス」と表記した。

まったくの私事ながら、訳稿の最後の修正にとりかかる時期に母安を喪った。この訳書を亡き母にささげたい。

二〇〇九年春

品川　哲彦

追記　本書はしばらく品切れだったが、二〇二三年に新装版で再刊することになった。このかんヨーナスの選集は刊行を終え、ハンス・ヨーナス・ツェントルムはジーゲン大学に本拠を移した。ちなみに、本書は髙村薫氏によって二〇〇九年十二月二十七日付朝日新聞書評「今年の三点」の筆頭に挙げられた。この場を借りて髙村氏に謝意を表する。

《叢書・ウニベルシタス　924》
アウシュヴィッツ以後の神

2009年　9月20日　　初版第1刷発行
2023年 12月12日　新装版第1刷発行

ハンス・ヨーナス
品川哲彦 訳
発行所　一般財団法人　法政大学出版局
〒102-0071 東京都千代田区富士見 2-17-1
電話03(5214)5540 振替00160-6-95814
組版: HUP　印刷: 平文社　製本: 積信堂

ISBN978-4-588-14080-8

著　者

ハンス・ヨーナス（Hans Jonas）

1903 年にドイツのメンヒェングラートバハの裕福なユダヤ人家庭に生まれる。学生時代にシオニズム運動に参加。ハイデガー，ブルトマンのもとでグノーシス思想研究によって学位取得。ナチスの政権掌握の年，ドイツを出国。イギリスをへてパレスチナに移住。第二次世界大戦が勃発するとイギリス軍に志願し，ユダヤ旅団に属して戦う。戦後はパレスチナ戦争に従軍後，イスラエルを出て，カナダ，さらにアメリカ合衆国に渡り，ニュースクール・フォー・ソーシャルリサーチ校教授を務めた。目的論的自然観による生命哲学を展開し，生命倫理学の研究拠点ヘイスティングス・センター研究員を務め，人間を対象とする技術操作に警告を発する。地球規模での環境破壊に抗して未来に人類を存続せしめる現在世代の責任を説く責任原理によって世界的に知られるにいたる。1993 年にニューヨークで死去。『グノーシスの宗教』（人文書院），『責任という原理』（東信堂），『生命の哲学』（法政大学出版局）等が邦訳されている。

訳　者

品川哲彦（しながわ・てつひこ）

1957 年生。哲学・倫理学専攻。京都大学大学院博士後期課程修了。京都大学博士（文学）。現在，関西大学教授。著書に『倫理学入門——アリストテレスから生殖技術，AI まで』（中央公論新社，2020 年），『倫理学の話』（ナカニシヤ出版，2015 年），『正義と境を接するもの——責任という原理とケアの倫理』（同，2007 年），共訳書に O. ヘッフェ『自由の哲学——カントの実践理性批判』（法政大学出版局，2020 年）等がある。